老목사, 인생을 쓰다

老목사, 인생을 쓰다

발 행 일 2016년 5월 20일 초판 1쇄

지 은 이 이노균
편 집 이종훈
펴 낸 이 박종태
펴 낸 곳 비전북
출판등록 2011년 2월 22일 제 396-2011-000038호

주 소 경기도 고양시 일산서구 송산로 499-10(덕이동)
전 화 (031)907-3927
팩 스 (031)905-3927
이 메 일 visionbooks@hanmail.net
I S B N 979-11-86387-20-7 03230

마 케 팅 강한덕 · 임우섭
관 리 정문구 · 맹정애 · 강지선 · 정광석
공 급 처 (주)비전북

老목사, 인생을 쓰다

이노균 지음 | 이종훈 편집

비전북

그러므로

우리가 낙심하지 아니하노니

우리의 겉사람은 낡아지나

우리의 속사람은

날로 새로워지도다

고린도후서 4장 16절

추천의 글

 1부 용기를 얻고 도전을 받는 이야기 「씨앗」 17

내가 만난 이노균 목사님

_ 이상규 목사 (고신대학교 역사신학 교수, 개혁신학회 회장)

 2015년 11월 19일 아침. 출근을 서둘고 있던 나는 이노균 목사님의 장남인 이종훈 원장으로부터 한 통의 문자를 받았다. 갑작스러운 문자에 스치는 예감이 없지 않았으나, 이노균 목사님이 하나님의 부름을 받았다는 소식이었다. 순간 만감이 교차했다. 내가 목사님을 마지막 뵌 날이 2013년 6월 22일, 『사도신경 십계명 주기도문 해설』 출판기념회였으니 2년 6개월 전이었다. 언제 한번 찾아뵈어야지 하는 생각으로 지내다 보니 이 땅에서는 다시 목사님을 보지 못하게 되었다는 쓰린 마음과 그동안 찾아뵙지 못한 자책을 주체할 수 없었다. 짧은 순간 목사님과 함께했던 지난 일들이 내 머리를 스쳐 갔다.

내가 목사님을 처음 만나게 된 것은 1995년 전후인데, 부산중앙교회가 설립 50주년을 앞두고 교회사를 편찬하게 되었을 때 부산중앙교회에서 나에게 자문을 청했고, 이 일로 이노균 목사님을 만나게 되었다.

키도 훤칠하시고 품위 있으신 어른의 해맑은 웃음이 인상적이었다. 무엇보다도 그분의 꾸밈없으신 모습에 따뜻한 정감이 흘렀다. 자신은 교직에서 일하다가 늦게 목사가 되었다는 이야기에서부터 자신이 살아온 이야기와 목회 이야기를 하시면서 늘 하시는 말씀이 "저는 잘 모릅니다." 혹은 "배우면서 목회합니다"라고 하시면서 겸손해하셨다. 소탈하고 솔직하신 모습이 도리어 마음에 감동을 주었다. 목사님과 교제는 이렇게 시작되었는데, 나는 목사님을 늘 큰형님처럼 생각했다. 자주 뵙지는 못해도 가까이 계신 것만으로도 마음이 든든했다.

그분이 1998년 환갑이 넘어 비로소 얻은 첫 안식년을 미국 풀러신학교에서 공부하기로 하셨는데, 목사님과 부산중앙교회 당회원들은 부족한 나를 임시 설교자로 초청해 주었다. 그래서 1998년 1월부터 8월까지 부산중앙교회 설교자로 봉사할 수 있었다. 뒤돌아보면 목사님과 부산 중앙교회의 후의(厚意)였다. 이런저런 일로 나는 목사님과 깊은 신뢰로 교통하게 되었고 그를 진심으로 존경하게 되었다. 목사님 또한 나를 좋게 생각해 주시고 언제나 분에 넘치는 사랑을 베풀어 주셨다.

이노균 목사님은 경북대학교 법정대학 출신으로 매우 학구적이셨다. 1996년에는 『부산중앙교회 50년사』를 출간하셨는데, 흔히 교회역사 집필은 다른 이에게 위임하던가, 아니면 편찬위원회를 구성하여 편찬케 하는데 목사님은 320쪽에 달하는 책을 본인이 직접 집필하셨다. 이것은 본인이 담임하고 있는 교회에 대한 애정이라고 생각된다.

그 후 은퇴를 앞두고 성경과 기독교의 기본 교리에 대한 해설서를 집필하셨는데, 목사님은 총신대학교 신학대학원에서 공부하실 때부터 성경을 더 깊이 공부해야겠다는 생각을 하셨다고 한다. 무엇보다도 교인들에게 성경의 세계를 쉽게 가르치고 안내해야겠다는 생각을 하셨다고 한다. 이런 오랜 부담을 가지고 쓴 첫 책이 2002년에 출판한 『한 눈으로 보는 신약성경』이었다. 같은 해 『한 눈으로 보는 구약성경』, 『알기 쉬운 웨스트민스터 소요리문답 해설』

을 펴내게 된다. 이 책들은 2011년과 2013년에 재판을 내게 되는데, 이런 성경 해설서는 교인들을 성경의 세계로 인도하되 보다 쉽게 가르치기 위한 목회적 동기에서 쓴 책들이었다.

이 책을 출판하게 되었을 때 목사님은 나에게 추천사를 청하셨다. 어른 목사님이 쓰신 책에 대해서 제가 추천사를 쓰는 것이 적절치 않다고 사양했으나 목사님은 "내가 이 목사를 제일 좋아하니까, 이 목사가 추천사를 써 주면 제일 좋은 것"이라고 강권하시기에 추천사를 쓴 일이 있다.

추천사에서도 썼지만 실제로 목사님의 구약과 신약에 대한 책은 성경의 큰 흐름을 이해할 수 있을 뿐만 아니라, 각 책의 개요와 내용을 소개하고, 관련된 지도나 표를 제시하여 방대한 성경의 내용을 일목요연하고 이해할 수 있게 기술한 탁월하고도 긴요한 해설서였다.

이노균 목사님은 이런 책 외에도 풀러신학교 목회학 박사 논문으로 쓰신 한국 교회 설교사, 곧 『한국 교회의 설교에 대한 연구』(2000)도 출판하셨다. 이때도 부족하지만, 자료를 수집하는 일을 도와드린 일이 있다. 이런 일로 목사님과는 마음을 나누는 친근한 관계가 되었고, 그분을 대할 때마다 성도와 교회를 사랑하시는 목회자의 마음을 읽을 수 있어 더욱 존경하게 되었다.

뿐만 아니라 2012년 위암 수술을 받으신 이듬해에는 『사도신경 십계명 주기도문 해설』을, 그리고 소천하시기 한 달 전에는 의사인 큰아들과 함께 『성경 속 의학 이야기』를 펴내셨다.

특히 목사님은 부산중앙교회에서 은퇴하고 일 년이 지난 2004년 1월부터 「씨앗」이라는 전도신앙 월간지를 발간하기 시작했다. '용기를 얻고 도전을 받는 이야기'라는 부제가 달린 「씨앗」 창간호는 16쪽의 소책자로 출발하여 2005년 이후에는 격월간지로 전환했다. 창간호 때는 1만 5,000부를 발간하셨는데, 점점 요청이 많아져 이후에는 3만 부를 발간하셨다.

목사님은 12년간 78호(2015년 11, 12월호)를 발간하시고 소천하셨는데, 준비를 80호까지 해놓고 가셔서, 장남이 79호와 80호를 마무리했다고 한다. 원하시던 100호까지 이루지 못하셔서 아쉽기만 하다.

매호 발간 경비가 200여만 원에 달했으나 이를 감내하고 꾸준히 발간했던 것은 오직 한 가지 목적, 곧 독자들에게 삶의 의미를 깨닫게 하고 도전과 용기를 주고 믿음으로 살게 하기 위한 것이었다. 그는 발간 취지에서 이렇게 썼다. "70평생 살아오면서 나름대로 터득한 삶의 지혜와 훌륭한 인물들의 교훈을" 소개함으로, "인생의 참된 목적을 깨달으며 고된 인생살이에 위로와 격려, 도전과 용기를 주기 위함"이라고.

목사님은 은퇴한 후에도 끊임없이 성경을 읽으며 묵상하고, 책을 읽으며 사색하고, 원고를 쓰고 편집하며 「씨앗」을 거의 혼자의 힘으로 발간하셨다. 약간의 외부 후원이 있었겠지만, 출판경비를 본인과 가족들이 부담했다. 이 책은 전국의 교도소, 병원, 선교단체에 무상으로 보급되었다. 이 작은 잡지가 널리 읽히고 사랑받았던 이유는 이 책의 내용이 감동과 교훈이 있었기 때문이다. 나는 지금도 이 책을 옆에 두고 한 편씩 읽으며 감동을 받고 있다.

이노균 목사님이 하나님의 부름을 받으신 후 장남 이종훈 원장에게서 들은 이야기인데, 목사님은 이제까지 「씨앗」에 나온 글들 중에 가장 핵심적인 45편의 글을 장남에게 주시며 남은 생애를 더욱 보람 있게 보내기 위해 이 글을 연재할 곳을 찾아보라고 하신 후 약 2주 후에 소천하셨다고 한다. 「씨앗」의 정수답게 그 글들에는 은혜와 감동이 넘친다. 이 글들에는 목사님의 삶의 여정에서 얻은 지혜와 교훈이 녹아 있고, 목사님의 인생관과 세계관, 곧 목사님의 영적 세계가 집약되어 있다.

또한, 이 책 2부에 실린 목사님의 삶의 여정을 기록한 간증은 부산·경남기독교역사연구회가 발간하고 본인이 발행인으로 있는 「부경교회사 연구 제53호(2015. 1)」에 실렸던 글과 「씨앗」 61호에 실렸던 글인데 다시 봐도 교훈과 훈계를 얻는다. 그리고 3부에 실린 많은 분들의 추모의 글역시 목사님의 삶을 느끼게 해 준다.

내가 만난 목사님은 하나님의 은혜로 사신 어른이시다. 본인도 이 점을 늘 강조하셨고, 그분이 남긴 회고록 『날로새로워라』에도 잘 드러나 있다. 고3 때 결핵으로 4년간 요양하시다가 하나님을 영접하셨고, 20여 년간의 교직 생활을 접고 50살이 다 되어 목사가 되셨으나 1986년에는 6·25 때 구국 기도회가 열렸던 부산에서 유수한 부산중앙교회 담임목사로 위임을 받으셨고, 17년간 담임하신 후 2002년 말, 원로목사의 욕심을 버리고 교회의 더 큰 부흥을 위해 조기 은퇴하셨다. 그러나 은퇴가 목회의 마감이아니었다. 그 후에도 문서를 통해 목회자로 일생을 사셨다. 그는 늘 주님을 의지하며 하나님이 주신 시간을 의미 있게 보내기 위해 마지막까지 치열한 삶을 사셨다. 나는

목사님을 대하면서 그분의 신앙과 인격을 존경하게 되었고, 그분의 겸손하고 진실한 삶을 흠모하게 되었다. 이 땅에서 그분을 다시 뵐 수 없다는 사실이 오늘도 나를 슬프게 한다. 하나님 나라에서 다시 만나기를 소망할 뿐이다.

용기를 얻고 도전을 받는 이야기

2004. 1월 창간호

나이가 들수록 인간의 삶이란 참으로 중요하다는 것을 더욱 절감하게 된다. 너무나 귀한 인생이기에 같은 시대를 살아가는 분들에게 무엇인가 조금이라도 도움을 주고 싶은 간절한 열망이 이 책자를 만들게 하였다. 70평생을 살아오면서 나름대로 터득한 삶의 지혜와 훌륭한 인물들의 교훈을 모아 월간지 「씨앗」을 발간한다. 이 소책자가 인생의 참된 목적을 깨달으며 고된 인생살이에 위로와 격려가 되며, 또한 끝없이 도전해 가도록 용기를 줄 수 있다면 그 이상 바람이 없겠다. 모쪼록 이 작은 '씨앗'이 자라 큰 나무가 되기를 기원한다.

_ 2004년 1월 「씨앗」 창간호 중 '씨앗을 발간하면서'에서

지게를 진 일꾼 (1919년)
우리 조상들은 이득한 옛날부터 불과 수십년 전까지 힌 무명 옷을 입고 짚신을 신고 생활하였다.

명장의 관용(寬容)

우리는 조조를 권모술수가 능한 간웅이라고 여긴다. 조조가 간웅으로 각색된 것은 『삼국지연의』 때문이다. 진수(陳壽)가 『삼국지』를 쓴 때는 서기 200년이고 나관중(羅貫中)이 소설 『삼국지연의』를 쓴 때는 1368년이다. 역사 책이 나오고 1000년이 흐르면서 민간전승과 전설 등이 덕지덕지 덧붙여졌다. 그러면서 유비는 후덕한 영웅이요, 조조는 덕은 없고 꾀만 많은 간웅으로 묘사되었다. 여기 조조의 진면목을 보여주는 역사가 있다.

조조가 북방의 군벌 원소와 맞붙었을 때다. 조조의 진영은 병력, 군량에 있어서 원소의 진영과는 비교가 안 될 정도로 열세였다. 조조는 상대를 꼭 꺾고 말겠다는 각오로 겨우 버텼다. 그러나 시간이 지날수록 조조 휘하의 장수들은 자신감을 잃어갔다. 이런 분위기는 조정 대신들에게도 전해졌다. 결국 조조의 부하들과 대신들은 원소에게 편지를 띄워 조조가 패하면 귀순하겠다는 뜻을 전했다. 그 편지를 받고 원소가 너무 자만한 탓이었을까. 반년 뒤 전세가 역전돼 원소가 패하고 말았다.

조조는 원소의 진영에서 가져온 전리품 가운데서 자기 부하들의 편지를 발견했다. 많은 신하들이 두려움에 떨고 있을 때 조조는 편지들을 열어 보지 않고 불태웠다. 그 뒤 조조의 휘하에서 미리 항복하는 일 따위는 일어나지 않았다고 한다.

춘추전국시대 초(楚)나라의 장왕(蔣王)은 절영에서 잔치를 배설하고 장수들을 초대했다. 장수들에게는 아름다운 궁녀들이 한 사람씩 배정되었다. 잔치의 흥이 높아질 무렵 갑자기 돌풍이 몰아쳐 방안의 불이 모두 꺼지고 말았다. 술도 거나하게 취하고 불도 꺼진 참이라 장웅(蔣雄)이란 장수가 한 궁녀를 희롱했다. 화가 난 궁녀는 장수의 투구에 달린 금술을 떼어 왕에게 바치며 "이 금술의 주인이 전하의 궁녀를 희롱했노라"고 고해바쳤다. 절대군주에게 용서받을 수 없는 무법한 행위였다. 그러나 왕은 시종들에게 명하여 불 켜는 일을 중지시킨 다음 초대된 장수들의 투구에 달린 금술을 떼어 왕에게 바치도록 명령을 내렸다. 영문을 모르는 장수들은 명대로 금술을 떼어 바쳤고 불이 켜진 후에는 궁녀를 희롱한 장본 인이 누구인지 알 수가 없었다.

그 후 몇 년이 지나 장왕이 진(秦)나라의 공격을 받아 사지에 빠졌을 때 죽음으로 그를 구해준 장수가 있었는데, 그가 바로 궁녀를 희롱했던 장웅이었다.

너희 관용을 모든 사람에게 알게 하라 (빌립보서 4 : 5).

관용을 모든 사람에게 알게 하려면 한두 번으로는 부족하다. 항상 생활화하라는 뜻이다. 한문에도 덕불고(德不孤)라 하였다. 덕을 베풀면 외롭지 않게 된다. 관용만큼 아름다운 덕목이 없다.

항문 신학(神學)

20세기 초, 일본에서 갓 안수를 받은 '나가노'라는 젊은 목사가 있었다. 이 젊은 목사는 천막을 치고 개척 교회를 시작했다. 5년이 지났지만 교인이 한 명도 없었다. 5년이 지난 어느 수요일 저녁에 천막 교회에 초췌한 청년이 첫 번째 교인으로 들어왔다. 감격한 나가노 목사는 그 어떤 때보다도 더 열정적으로 설교를 했다. 설교가 끝난 뒤에, 그 청년을 데리고 식탁에서 저녁을 같이 먹었다.

그런데 이 청년이 식사 도중에 식탁 위에 피를 쏟았다. 청년은 폐병 환자였다. 나가노 목사는 순간적으로 갈등이 일었다. '이 사람을 지금 당장 쫓아 버려야 하나, 아니면 내가 이 피를 쓸어내고 계속 함께 밥을 먹어야 하나?' 그때 주님의 음성이 들려왔다. '주님께서 내게 처음 보내주신 사람인데……' 나가노 목사는 자기 손으로 피를 치웠다.

그리고 음식을 가져다가 청년과 다시 계속 먹었다.

그 청년은 일본 유명 정치인의 사생아였다. 출신 때문에 어렸을 때부터 괴로움 속에서 살았다. 그러다가 우연히 복음을 접하게 되어 신학교에 들어갔다. 신학교를 다니는 도중에 폐병 환자가 되어 학교에서 정학을 당하고, 다니던 교회에서도 파문을 당했다. '성경은 거짓말이구나, 예수도 거짓말이다.' 이 청년은 자살을 결심했다. 그런데, 자살 전에 우연히 한 사람이 이야기를 했다. 북쪽 가나자와 지방에 가면 나가노라는 목사가 있는데, 거기를 한번 찾아가 보라고. 그 순간에 이 청년은 다시 주님을 만난 것이다.

이 청년이 신학교를 졸업한 뒤에, 목사가 되었다. 그가 바로 유명한 '가가와 도요히코'(賀川豊彦, 1888~1960)다. 그는 빈민가에 뛰어들어 빗자루와 걸레를 들고 다니면서 청소를 해 주고 어린이를 돌보며 밑을 닦아주는 일을 도맡아 했다. 그렇게 해서 발전된 그의 신학은 그 유명한 '항문 신학'으로 명명되었다.

그는 중국으로 건너가, 중국의 빈민들을 위해서도 똑같은 삶을 살았다. 장개석 총통의 부인인 송미령 여사는 그리스도인이다. 그녀는 목사님의 이야기를 듣고 깊은 감동을 받았고, 그분을 모셔서 개인적으로 성경공부도 했다.

1945년 일본이 패망했다. 일본이 점령하고 있던 나라에서 일본 민간인들이 철수할 때 현지인들로부터 테러를 당하는 사건이 많았다. 그런데 일본 패망 당시에 중국 땅에 있던 일본인의 숫자는 200만 명에 달했으나 그들은 테러를 당하지 않았다. 천황의 항복 성명과 동시에 장개석 총통이 포고령 1호를 내렸다. 철수하는 일본 사람들에게 해를 가하는 자는 중형에 처한다는 것이었다. 미우라 아야코(三浦綾子, 1922~1999) 여사는, 가가와 도요히코 목사도 위대하지만 그 한 사람을 배출한 나가노 목사가 더 위대하다고 썼다.

그리스도인들이 가장 낮은 자리로 내려가서 고난 당하는 형제를 섬길 때 예수님을 만날 수 있다.

> 인자가 온 것은 섬김을 받으려 함이 아니라 도리어 섬기려 하고 자기 목숨을 많은 사람의 대속물로 주려 함이니라(마가복음 10 : 45).

명작의 산고(産苦)

1950년대 우리나라에 상륙한 영화 「바람과 함께 사라지다」의 인기는 대단했다. 가히 폭발적이었다. 미국의 남북전쟁을 배경으로, 한 여인이 사랑에 눈 떠가는 과정을 흥미진진하게 전개시키고 있는 이 영화는 명배우 비비안 리와 클라크 게이블이 주연을 맡아 열연을 했다. 이 영화는 아카데미상 10개 부문을 휩쓸면서 세기의 명화가 되었다. 이렇게 유명한 명화가 하마터면 세상에 나올 수가 없을 뻔했다.

소설 『바람과 함께 사라지다』의 저자 마거릿 미첼(Margaret Mitchell, 1900~1949)은 애틀랜타에서 태어나 어려서부터 남북전쟁에 관련된 이야기를 들으며 자랐다. 그는 의사의 꿈을 키우며 대학에 진학했지만, 사고로 집안에서만 생활해야 하는 신세가 되고 말았다. 남편은 그녀에게 소설 쓸 것을 권했다. 허약해진 몸과 집안일 등으로 여러 번 중단하다가 1926년에 쓰기 시작한 원고는 1933년에야 완성되었다.

미첼 여사는 원고 뭉치를 갖고 2년이 넘게 출판사들을 찾아다녔으나 가는 곳마다 거절당했다. 그러던 어느 날 유명한 맥밀런 출판사의 레이슨 사장이 자신이 살고 있는 근처에 왔다는 소식을 전해 들은 미첼 여사는 원고 보따리를 들고 역으로 찾아갔다. 그리곤 레이슨 사장에게 "제가 쓴 소설인데 읽어 보시고 관심이 있으시면 연락을 주세요"라고 말했다. 사장은 원고 보따리를 선반 위에 놓아둔 채 들여다볼 생각도 하지 않았다. 기차를 탄 지 두 시간쯤 지나 레이슨 사장에게 전보가 왔다. '레이슨 사장님, 원고를 읽어 보셨습니까? ~미첼' 레이슨은 그래도 무관심했다. 다시 세 번째 전보를 받고서야 비로소 미첼의 집념에 마음이 움직였다. 그는 첫 페이지를 읽기 시작해 뉴욕 역에 도착한 것도 모른 채 소설에 빠져들었다. 이렇게 해서 1936년 『바람과 함께 사라지다』는 세상에 나오게 되었고, 출판된 해에 150만 부의 판매고를 올렸다. 이 소설은 1937년 '퓰리처상'을 수상했고 1939년 600만 달러의 제작비를 들여 영화화되었다.

1931년에 발표된 『대지(大地)』는 중국 북부지방을 무대로 중국 농민들의 애환을 펼쳐놓은 스케일이 큰 대하소설이다. 저자인 펄 벅(Pearl Buck, 1892~1973) 여사가 원고를 미국에 있는 출판사로 보냈더니 원고를 검토한 출판사 편집자는 "대단히 유감스럽지만 미국 독자들은 중국에서 일어나는 일에는 흥미가 없습니다"라고 거절하는 편지를 보냈다. 『대지』는 14차례나 퇴짜를 맞고 겨우 출판되었다. 그러나 일단 책으로 나오자 독자들의 반응이 뜨거웠다. 21개월 이상 베스트셀러가 되었고 30개 이상 언어로 번역되었다. 1932년에 '퓰리처상', 1938년에는 '노벨문학상'을 받았다.

　성경에 귀한 인물 가운데 어렵게 태어난 사람이 많다. 아브라함은 100세에 이삭을 얻었고, 엘리사벳은 생산할 수 없는 나이에 세례 요한을 낳았다(누가복음 1 : 13). 사람뿐만 아니라 인간만사(人間萬事)가 다 그렇다. 고귀한 것은 탄생이 어렵다.

역설적인 진리(眞理)

성경에 '살고자 하면 죽고 죽고자 하면 산다'(마태복음 16 : 25)고 했다. 역설적인 진리이다. 인간생활 도처에 인용되는 속담처럼 된 말이다.

아랫글은 대구제일교회 이상근 원로목사(1920~1999) 간증집(『등대가 있는 외딴섬』)에 나오는 이야기다.

1952년 12월 초 청송 화목(和睦)교회 부흥회를 인도하기 위해 대구에서 버스를 타고 영천 노귀재를 오르는데 갑자기 무장한 공산군이 나타나 버스를 정지시키고 우리 일행을 모두 산속으로 끌고 가는데 이상하게도 저는 살려 달라는 기도는 나오지 않고, 이왕 죽는다면 바로 죽게 해달라는 기도만이 나왔다.

한 사람씩 심문을 하는데 드디어 저의 차례가 되어서 누구냐고 묻기에 "나는 목사입니다. 산 너머 교회의 부흥회를 인도하러 갑니다"라고 하였다. 그들은 의아한 눈으로 저를 한참 보더니 자기네끼리 돌아서서 무엇인가를 상의 하고는 다시 저에게 같은 질문을 했고, 저는 또 같은 대답을 반복했다. 그 순간 갑자기 급한 연락을 받은 공산군은 당황하기 시작했고, 우리를 버려 둔 채 황급히 산 능선으로 올라가 청송 쪽을 향하여 발포하기 시작했다. 그 때 청송 쪽에서 공비가 나타났다는 소식을 들은 경찰대가 출동하였던 것이다. 붙들려 있던 일행은 도망치는데 대다수 사람들은 대구 쪽으로 내려갔지만 저는 부흥회를 인도하러 산을 올라가서 밤 11시가 넘어서 교회에 도착했다. 소식을 들은 교인들은 교회에서 기도하고 있었다. 그날 밤 부흥회는 참으로 은혜롭고 신비했다.

대구 성광중학교에 근무할 때다. 어느 해, 한 학년 전체가 송충이 잡기에 동원되었다. 작업을 마치고 귀가하다가 한 학생이 물에 빠져 숨졌다. 강물 수심은 깊지 않는데 중간 중간 골재 채취로 인해 깊은 웅덩이가 파여진 곳에 들어가 익사를 한 것이었다.

당시 두 학생이 같이 목욕을 했는데 한 학생은 친구들이 구조했지만, 다른 학생은 구하지 못했다고 했다. 살아난 학생은 성적도 부진했고 좀 우둔한 편이었다. 죽은 학생은 부실장으로 성적도 우수했고 동작도 민첩한 학생이었다. 나는 뒷날 살아난 학생을 만나 경위를 알아보니, 자기는 수영을 할 줄 몰라 사는 것을 포기하고 죽으려고 강바닥에 내려가서 누워 있으니까 숨이 가빠서 한 번만 더 숨을 쉬고 죽어야겠다고 물 위로 올라오니 친구들이 허리끈을 던져 주어서 살아났다고 했다. 나는 그다음 허리끈을 던져준 학생을 만나 왜 부실장은 구해내지 못하였느냐고 물었더니 "그 학생에게도 던져주었는데 눈을 감고 발버둥 치는 바람에 보지 못 했다"라고 했다. 나는 역설적인 이 진리가 이곳에서도 그대로 이루어졌구나 하면서 애통해 했다.

경건을 연습하라

유교의 기본윤리는 인(仁)이며, 맹자는 인을 다음과 같이 삼등분하였다.

첫째는 "요순성지야(堯舜性之也)", 고대 중국 요순시대 요제(堯帝)나 순제(舜帝)는 타고난 성품이 인(仁)이었다.

둘째는 "탕무신지야(湯武身之也)", 은탕왕(殷湯王)이나 한무제(漢武帝) 같은 분은 성지야(性之也)는 아니었으나 몸으로 익혀 인자(仁者)가 되었다.

셋째는 "오패가지야(伍覇假之也)", 춘추시대 오패자 즉 제항공(濟恒公), 진문공(晉文公), 진목공(秦穆公), 송양공(宋讓公), 초장왕(楚莊王) 등은 성지야(性之也)도 신지야(身之也)도 아니나 지배자가 되기 위해 인자인 척 하였다는 것이다.

그런데 맹자의 결론이 이채롭다. "오래도록 인자인 척하면 그가 인자가 아니라고 누가 알리오"라는 것이다.

여기 맹자의 교훈은 타고난 선보다 몸으로 익히고 행동으로 나타낸 선이 오히려 귀하다는 것을 암시하고 있다.

막스 비어의 소설 『행복한 위선자』는 비양심적인 악인 로드 조지 헬에 관한 이야기다. 그는 마음뿐 아니라 그의 얼굴도 험상궂게 생겼다. 어느 날 그는 아름답고 순결한 미어리라는 소녀를 사랑하게 된다. 그러나 그 소녀는 "얼굴이 저렇게 무섭게 생긴 사람의 아내가 될 수는 없어" 하고 그를 거절했다. 로드 조지 헬은 그녀와 결혼하고 싶어 고심한 끝에 세상에서 가장 거룩하고 인자하게 보이는 가면을 쓰고 미어리에게 청혼을 했다. 그녀와 결혼하게 된 그는 날마다 위선을 감추고 참을성 있고 너그럽게 보이려고 노력했다. 어느 날 옛 친구가 사랑하는 아내 앞에서 로드 조지 헬의 가면을 무자비하게 벗겨버렸다. 그런데 이상한 것은 가면이 벗겨졌을 때 그의 얼굴은 거룩한 모습으로 변해 있었다. 이 이야기는 사람은 노력한 만큼 선한 모습이 될 수 있다는 것을 교훈하고 있다.

1980년 세계 최초로 24시간 뉴스 채널 CNN을 창립한 테드 터너(Ted Turner, 1938~), 그는 일찍 부모를 여의고 가난과 싸워야 했지만 '끈기' 하나로 CNN을 세계 최고의 뉴스 채널로 키워 냈다. 집안과 회사에서는 '짠돌이'로 소문

났지만 해마다 거액을 사회에 기부하고 있다. 1998년에는 재산의 3분의 1을 UN에 내놓았다. 그러나 터너도 처음 100달러를 기부하기로 마음먹고 수표 책에 사인할 때는 두 손이 벌벌 떨렸다고 한다. 그 돈이 어떻게 벌어들인 돈인가 너무나 아까웠던 것이다. 수십 번을 망설인 끝에 사인했다. 다음번에는 아까운 마음이 처음 보다 덜했다. 그렇게 기부 횟수가 늘어날수록 돈을 내놓기가 쉬워졌고 더 많은 금액을 수표 책에 사인할 수 있었다고 하면서 "나눔도 연습이 필요하다"라고 했다.

인간만사가 다 그렇다. 반복하고 노력해야 한다. 그래서 성경에는 "경건에 이르도록 네 자신을 연단하라"(디모데전서 4 : 7)라고 했다. 위대한 바울 사도도 날마다 육체의 소욕을 죽인다고 했다(고린도전서 15 : 31).

어린이 존중

스웨덴 국왕 구스타프 아돌프 6세가 헬싱키를 방문한 적이 있었다. 1952년, 올림픽이 열리던 해이다. 많은 시민들이 질서 정연하게 연도(沿道)에 서서 이웃나라의 왕을 환영했다. 이때 돌연, 서너 살쯤 되어 보이는 어린아이가 국왕 쪽으로 달려 나갔다. 그 어린아이는 몹시 가난한 집 아이임에 틀림없었다. 가난한 티가 줄줄 흐르는 남루한 옷을 걸치고 있었다. 왕을 선도(先導) 하던 사람은 헬싱키 시의 젊은 경찰서장. 그는 조금도 당황하지 않았다. 덥석 두 팔로 그 아이를 안고, 아무 일도 없었다는 듯이 태연하게 스웨덴 국왕을 안내했다. 아이는 서장의 가슴에 안겨 장난을 쳤다. 국왕은 빙그레 미소를 지으며 서장의 안내를 받아 걸음을 계속했다. 이런 광경을 바라보던 군중들은 약속이나 한 듯이 우레와 같이 박수를 쳤다.

일화(逸話)는 아직 끝나지 않았다. 다음날, 헬싱키 대학의 남녀 학생들은 꽃을 한 송이씩 들고 거리를 행진했다. "당신은 이웃나라 왕에게 우리나라의 가장 아름다운 모습을 보여주었습니다." 서장의 책상은 그날 꽃으로 넘쳐났다.

나는 대학시절 학교 부근에서 하숙을 하고 주일이 되면 가까운 대구산격교회에 출석했다. 한 달에 한두 번은 시내 중심에 있는 대구제일교회로 나가서 예배를 드렸다. 이상근 목사님의 말씀이 너무나 은혜로웠기 때문이다. 나는 이상근 목사님을 대단히 존경하고 그분의 고매한 인품을 한없이 사모했다. 예배를 마치면 목사님은 출입구 양쪽 문 중간에 서서 그 많은 사람들과 악수는 다 할 수 없어서 번갈아가며 목례를 하셨다. 나는 언제든지 내가 나가는 문 쪽으로 고개를 돌리실 때를 조절해서 눈인사를 하고 나왔다. 내게는 그 순간이 가장 큰 기쁨이요 보람이었다.

어느 주일도 나는 걸음을 조절하며 나오는데 그날따라 목사님의 손녀 같은 어린애가 목사님에게 접근하는 것

이상근 목사님과 (1982년)

을 볼 수 있었다. 나는 비상한 관심이 갔다. 저 아이를 어떻게 하실까? 비록 예배는 필했지만 가운을 입고 경건하게 인사를 나누고 있는데, 나 같으면 아이를 버려두고 인사에 전념할 것 같은데, 과연 목사님은? 나는 좀 꾸물대며 지켜보았다. 목사님은 놀랍게도 그 아이를 번쩍 들어 안으시고는 여전히 인사를 나누셨다. 나는 그 모습에 매료되었다. 얼마나 아름다운 모습이며, 자연스러운 태도인가? 감탄이 절로 나왔다.

19세기의 위대한 발견은 '여자'이고, 20세기의 위대한 발견은 '어린이'라는 말이 있다. 19세기에 들어와서야 여자의 인권을 존중하고 참정권을 부여했다. 20세기에 들어와서는 비로소 어린이의 인권이 존중되고 UN을 비롯하여 세계 각국에서 어린이 인권 선언이 선포되고 어린이의 권익을 중요시했다. 그러나 예수님은 2000년 전에 벌써 어린이를 존중하고 어린이의 인권을 강조하셨다.

예수께서 그 어린 아이들을 불러 가까이 하시고 이르시되 어린 아이들이 내게 오는 것을 용납하고 금하지 말라 하나님의 나라가 이런 자의 것이니라(누가복음 18 : 16).

진정한 영웅

미국 사우스다코타 주에 있는 러시모어 산 허리에는 미국의 영웅인 네 명의 대통령 얼굴이 거대하게 조각되어 있다. 그곳에서 27킬로미터 떨어진 곳에 대통령 조각상에 비할 수 없는 세계 최대 규모의 아메리카 인디언의 전설적인 영웅 타슈카 위트코(영어 : Crazy Horse, 성난 말)의 조각상이 만들어지고 있다.

러시모어 산 부근 바위산은 전통적으로 인디언이 살던 지역으로 인디언들의 성지였다. 러시모어 산의 대통령 조각이 마무리될 무렵에 조각 프로젝트에 참여한 조각가 코자크 지올코브스키는 수우족 추장의 편지를 받는다. 그 편지에는 "백인들에게 영웅이 있듯이 우리에게도 영웅이 있다는 것을 알리고 싶습니다. 우리의 영웅은 '타슈카 위트코'입니다."라고 적혀 있었고 "우리의 영웅도 조각해 주십시오"라고 청원했다. 지올코브스키는 비극으로 끝나버린 영웅의 일대기에 깊은 감명을 받게 되고 그를 조각하기로 결심하게 된다. 1948년 6월 대통령 조각상이 있는 곳에서 27킬로미터 떨어진 곳에 산 하나를 통째로 깎아 세계 최대 조각상을 만들기 시작했다. 관계자들은 완성까지 최소 100년 이상이 걸릴 것이라고 전망한다.

1840년에 태어난 타슈카 위트코는 23세가 되던 1863년 수우족의 수렵 구역에 침입한 백인들을 물리치며 이름을 떨치게 된다. 이로 인해 타슈카 위트코는 데토노 수우 부족 연합의 대추장으로 추대된다. 특별히 그는 1868년 리틀 빅혼 전투에서 미 제7기병대를 전멸시키고 대승하여 수우부족의 전설적인 영웅이 된다. 그러자 미국은 치욕스러운 패배를 만회하기 위해 인디언 지역에 무차별 공격을 가했고 그 바람에 타슈카 위트코는 1877년 9월 5일 장렬하게 전사하여 동료 인디언들의 송가를 들으며 블랙 힐스의 땅 '운디드디'에 묻힌다.

1953년 5월 29일 오전 11시 30분, 당년 34세의 에드먼드 힐러리(Edmund Percival Hillary, 1919~2008)와 39세의 셰르파 텐징 노르가이(Tenzing Norgay, 1914~1986)가 해발 8,848미터 에베레스트 정상에 우뚝 섰다. 역사적인 순간이었다. 1921년 이후 영국을 선두로 세계 여러 나라가 세계의 지붕이자 인간이 닿을 수 없는 신의 영역인 에베레스트를 정복하기 위하여 수없이 도전했지만 번번이 많은 희생자를 내고 실패했다. 힐러리는 세계적인 영웅이 되었다.

힐러리는 누가 먼저 에베레스트 정상을 밟았는지 묻는 질문에 대해선 오랫동안 "우리는 함께 올랐다"고만 말했다. 힐러리가 3미터쯤 앞서 정상을 밟았다는 사실은 1986년에야 세상에 알려졌다. 하지만 그것은 텐징 노르가이가 정상 바로 밑에서 30분이나 힐러리를 기다렸다가 그에게 첫 정상 등정의 기회를 양보했기에 가능했던 일이다. 에베레스트 정상에서 텐징은 "대지의 여신이여, 감사합니다"라고 하고 다시는 그 산을 오르지 않았다. 텐징은 셰르파뿐 아니라 수많은 네팔인과 인도인에게 전설적인 영웅이 되었다.

입지전(立志傳)적인 인물

군고구마 장수 청년이 외무부 장관과 국무총리로 승승장구했다. 빠른 판단의 머리에 신의와 의리를 앞세운 대인관계, 박력과 친밀함을 겸비한 그의 업무 추진력은 외무부 내에서 신화적일 정도였다. 숱한 선배 외교관을 제치고 장관으로 임명될 때 모두가 될 사람이 되었다고 당연시했다.

노신영(盧信永, 1930~)은 평안남도 강서(江西) 출신이다. 평양에서 몇째 안 가는 부잣집 아들로서 행복한 어린 시절을 보내다가 남북 분단의 비극을 겪자 단신으로 월남했다. 일가친척 하나 없이 서울 거리를 떠돌며 노숙을 거듭하던 그는 가까스로 군고구마 통 하나를 마련할 수 있었다. 이것으로 끼니를 때우고 헌책을 사보며 고교시절을 보낸다. 서울대 법대 입학시험을 치르러 가는 날 아침, 군고구마 통의 불이 꺼질까 걱정이 되어 헝겊 쪼가리로 불구멍을 단

단히 막고, 옆집 구멍가게 아저씨에게 "잘 좀 봐 달라"라고 부탁을 하고 장충단공원을 떠나 동숭동 서울대로 달음박질해 갔다. 서울법대에 합격했다. 그는 통역장교로 군에 근무하면서 외무고시를 준비, 합격의 영광을 안았다. 외무부 아주국장, 기획실장, 주(駐) 로스앤젤레스~뉴델리 총영사, 인도, 제네바 대사를 거쳐 1980년 외무부 장관에 발탁됐다. 그리고 5년 뒤인 1985년 국무총리에 임명됐다.

1970년 12월 7일 독일인 최초로 폴란드를 방문하여 비 내리는 날 유대인 40만 명 추모기념비 앞에 무릎 꿇은 서독 수상 빌리 브란트(Willy Brandt, 1913~1992). 세계인들에게 큰 감동을 안겨준 위대한 정치가다. 그는 독일이 범한 역사의 잘못을 고백하고 많은 물질로 보상에 앞장섰다. 동서 긴장완화에도 크게 공헌하여 1971년 노벨평화상을 수상했다.

브란트는 1913년 독일 북부 도시 뤼벡에서 사생아로 태어났다. 본래 이름은 헤르베르트였다. 헤르베르트는 어려서부터 성격이 거칠어서 나치 당원과 거리에서 싸움하기가 일쑤였다. 게슈타포의 위험인물로 지목을 받자, 20살의 어린 몸으로 홀어머니와 작별하고 빌리 브란트라는 이름으로 노르웨이로 탈출한다. 노르웨이에 정착한 브란트는 노르웨이의 외상이 되어 고국에 돌아가기로 꿈꾼다.

그러나 그가 27살이 되던 1940년, 독일군은 드디어 노르웨이에 상륙했다. 게슈타포는 헤르베르트를 찾는데 혈안이 되었다. 또다시 신변의 위험을 느낀 브란트는 노르웨이의 군인으로 가장하여 스스로 포로가 됨으로써 독일군의 포로수용소에서 오히려 신분을 숨길 수가 있었다. 1945년 독일이 패망하자 브란트는 육군 소령 계급장을 달고 노르웨이 군사대표단 공보관으로 베를린에 돌아온다. 1948년 독일 국적을 회복하고 베를린 시의회 의원으로 정계에 투신하여 1957년 서베를린 시장, 1969년 서독 수상에 올랐다.

노신영과 빌리 브란트, 두 사람 모두 전쟁과 혼동 속에서도 웅지를 품고 아무도 도와주는 사람 없이 인생의 밑바닥에서 고전 분투하여 정상에 오른 위대한 인물이다.

영원한 평민(平民)

영국의 재상 윌리엄 글래드스턴(William Ewart Gladstone, 1809~1898)은 근대사에 가장 존경받는 정치가다. 영국 리버풀의 호상(豪商)으로서 하원 의원을 지낸 존 글래드스턴의 아들로 태어난 글래드스턴은 24살 젊은 나이로 국회의원에 당선된다. 그는 89세라는 천수를 누리면서 무려 62년 동안 국회의원을 지냈다. 1868년 그가 59살이 되던 해에 수상에 오른다. 그 후 그는 네 차례에 걸쳐 17년 동안 영국 수상을 지냈다.

그는 출중한 용기와 깊은 안목, 깨끗한 생활로 남의 손가락질 받는 일이 없었다. 그는 아무리 국사가 분주할 때에도 결코 주일을 범하는 일이 없었으며, 다른 사람보다 일찍 교회에 나가 맨 앞자리에 앉아 오랫동안 기도한 사람으로 유명하다. 그를 더욱 존경스럽게 만든 것은 정치인으로서 최후를 멋있게 장식했다는 점이다. 85세에 수상에서 은퇴할 때 수상에서 물러난 사람에게 작위를 주는 전통에 따라 왕실에서는 그에게 백작 칭호를 내렸다. 그러나 그는 작위를 거절하며 "나는 비록 수상을 지냈다고 할지라도 작위를 받지 않은 채 영원히 평민으로 살다가 가겠다"라고 했다. 이런 연유로 영국의 정치사를 대표하는 글래드스턴에게는 작위가 없다. 그러나 후세의 사가들은 그에게 백작의 칭호보다 더 값진 칭호를 내렸다.

'위대한 평민(The Great Commoner)'

정규 교육을 받지 못하고 교회의 주일 학교에서 배운 것이 전부이지만 19세기 화학의 일대 변혁을 주도한 위대한 영국의 과학자 마이클 패러데이(Michael Faraday, 1791~1867). 그는 가난한 가정에서 태어나 어릴 적부터 산업전선에 뛰어 들었다. 제본작업장 견습생으로 일하면서 짬이 나는 대로 책을 읽었다. 그는 특히 과학 서적을 좋아했다. 그러다 스무 살 무렵, 런던 왕립연구소의 험프리 데이비의 화학 강의를 듣고 너무나 감동한 끝에 자신을 채용해 달라는 간절한 편지를 보낸다. 데이비의 도움으로 1813년 왕립연구소의 실험실 조수가 된다. 패러데이는 손이 타 들어가는 것을 모를 만큼 화학실험과 책 속에 빠져 지낸다. 지칠 줄 모르는 열정으로 몰입한 결과 1820년 강철 합금 제조, 1826년 벤젠 발견, 1831년 전자기 유도 발견, 익년에는 전기 분해 법칙을 연이어 발견함으로 영국 과학계에 혜성과 같은 존재로 떠올랐다. 마침내 1857년 부귀와 명예를 한 몸에 받는 영국 왕립학회의 회장을 맡아달라는 요청을 받는다. 그러나 그는 "나는 끝까지 평범한 마이클 패러데이로 남겠습니다"라며 사양했다. 자연과 음악, 미술, 그리고 신앙생활에 정성을 다하다가 76세의 나이로 생을 마쳤다.

직위와 명예도 중요하지만 그것보다 우리를 감동시키는 것은 아름다운 삶 그 자체다. 대학시절 학생들로부터 총장보다 더 존경을 받는 강사(교수로 오래 재직) 선생님이 계셨다. 그분이 존경을 받았던 것은 삶이 너무나 고결했기 때문이었다.

언행일치(言行一致)

독일의 공산주의자, 경제학자, 혁명가로 노동자의 해방을 부르짖었던 칼 마르크스(Karl Marx, 1818~1883)는 자기 집 가정부를 45년간이나 착취했다. 사람이란 자기의 주장과 실제 삶은 괴리가 있기 쉽다. 언행이 일치한다는 것은 고상한 인격을 가진 자만이 가능한 일이다.

방글라데시 치타공대학 경제학과 교수였던 무함마드 유누스(Muhammad Yunus, 1940~)는 세계 최빈국 방글라데시에서 태어났다. 유복한 보석세공사의 아들로 미국에서 경제학 공부를 하고 돌아와 교수가 되었다. 그는 교수 재직 시 서민들의 비참한 생활상을 보고 '길바닥에선 사람들이 굶어죽고 있는데 경제학 이론이 무슨 소용인가?'라며 강단을 뛰쳐나와 빈민을 살리는 일에 몰두한다.

그는 빈곤의 근본 원인이 "게으름이나 지적 결함 같은

개인적인 문제에서 연유되는 경우란 극히 드물고 그들이 가난한 것은 아주 적은 금액의 자본금도 손에 넣는 것이 아예 제도적으로 불가능하기 때문이다"라는 사실을 직시했다.

그는 1976년 직접 그라민 은행을 설립한다. '그라민'에서 '그람(gram)'은 벵골어로 '시골', '마을'을 뜻한다. 담보와 보증이 필요 없고, 다만 돈을 빌릴 수 있는 자격은 소득수준이 하위 25퍼센트 이하로 일하려는 의지만 있으면 되었다. 옷 수선용 중고 재봉틀, 물건을 나를 손수레, 농사지을 송아지를 살 수 있는 창업 자금을 50~150달러씩 빌려줬다. 그런데 놀랍게도 원금 회수율이 99퍼센트에 이르렀다. 이 은행은 2007년까지 710만 명에게 61억 4,000만 달러를 대출해 주었다. 대출 수혜자들의 97퍼센트 이상이 여성이었다.

그는 그라민 은행을 설립한 공로로 2006년 노벨평화상을 수상하게 된다. 그라민 은행을 통해 이루려고 했던 빈민 구제와 자활지원에 대한 국제사회의 지지선언이었다.

불후의 명작 『법의 정신』을 서술한 계몽주의 사상의 대표적인 학자 몽테스키외(Montesquieu, 1689~1755)는 법을 연구하는 사람들에게 어려운 이론을 공부하기보다는 주위 사람들과 그들의 생활에 관심을 갖도록 당부했다. 어느 날 그가 프랑스 남쪽을 여행하기 위해 배를 타고 강을 건널 때였다. 푸른 강물 빛에 매료된 몽테스키외는 하염없이 강물을 바라보다가 우연히 강에 비친 두 뱃사공의 수심 가득한 얼굴을 보았다.

"무슨 고민이 있습니까?" 한참 뒤에야 눈가가 촉촉이 젖은 뱃사공이 입을 열었다. "저희들은 형제입니다. 아버지는 지중해를 사이에 두고 무역을 하는 상인이었는데, 그만 해적에게 잡혀 노예로 팔려갔지요. 해적들은 4,000프랑을 줘야 풀어 주겠다고 했지만 우리에게는 그만큼의 돈이 없습니다." 형의 말에 옆에 있던 동생도 따라서 눈물을 흘렸다.

몽테스키외는 선착장에 도착하자마자 바로 은행으로 달려가 뱃사공 형제 앞으로 4,000프랑을 송금했다.

> 만일 형제나 자매가 헐벗고 일용할 양식이 없는데 너희 중에 누구든지 그에게 이르되 평안히 가라, 덥게 하라, 배부르게 하라 하며 그 몸에 쓸 것을 주지 아니하면 무슨 유익이 있으리요 이와 같이 행함이 없는 믿음은 그 자체가 죽은 것이라 (야고보서 2 : 15~7).

과학입국(科學立國)

국력은 과학으로 평가할 수 있다. 과학은 국가 발전의 원동력이다. 중국이 불과 몇 십 년 만에 세계 초강국으로 부상하게 된 것은 애국적인 두 과학자의 공헌이 크다. 한 사람은 핵물리학자 자오중야오(趙忠堯, 1902~1986)요, 다른 한 사람은 로켓 전문가 첸쉐썬(錢學森, 1911~2009)이다.

자오중야오는 미국 캘리포니아공대(Caltech, 칼텍)에서 핵물리학자로 주목받던 신진 학자였다. 미국에서 극진한 예우를 마다하고 오직 조국의 발전을 위해 1932년 중국으로 돌아온다. 당시 중국에는 후진을 양성할 변변한 학교 하나 없었다. 과학입국을 위해서는 무엇보다 대학 설립이 급선무였다.

중일(中日)전쟁 때인 1938년 중국 윈난성 쿤밍에 '신난연합대학'이 설립되었는데 베이징대, 칭화대, 난카이대 등 중국 세 명문대가 전란을 피해 함께 세운 임시 피란 학교였다. 자오중야오는 칭화대 교단에 섰다. 환경은 너무나 열악했다. 학생들은 판잣집이나 다름없는 건물에서 수업했다. 변변한 보수를 받지 못한 자오중야오는 먹고살기가 막막해서 빨랫비누를 만들어 거리에 나가 팔기도 했다. 그러나 미래 중국 과학계를 이끌어 갈 인재들을 키우기 위해 혼신의 힘을 다 쏟았다. 1957년 중국인 최초로 노벨물리학상을 공동수상한 양첸닝(楊振寧)과 리쭝다오(李政道) 그리고, 중국 원자탄 개발 주역 첸싼창(錢三强)이 그의 제자들이다.

첸쉐썬 박사는 미국에서 최고 로켓 전문가로 인정받았던 미 국방부 과학고문이었다. 첸쉐썬 박사는 미국에서의 화려한 예우를 거절하고 오직 조국의 과학 발전에 이바지하기 위해 귀국을 결심한다. 그러자 미국은 그에게 간첩 혐의를 씌워 5년 동안 억류했다. 중국은 미국과 막후 협상 끝에 첸쉐썬 박사와 6·25 전쟁 때 포로로 잡힌 미군 조종사들을 맞바꿨다. 1955년 귀국한 첸쉐썬 박사는 중국의 첫 미사일 '동풍'(東風)부터 근래 유인 우주선까지 우주 개발을 지휘하며 평생을 바쳤다.

압둘 칼람(Abdul Kalam, 1931~2015)은 인도를 일으킨 위대한 과학자다. 그는 인도에선 과학입국과 기술 자립, 그리고 자주국방의 상징으로 통한다. 한 명의 과학자가 국가에 이바지한 점은 실로 경이적이었다.

그는 1980년 인도의 첫 우주로켓을 만들었다. 90년대엔 핵탄두를 실을 수 있는 탄도미사일을 개발했다. 그리고 첫 인도산 전투기를 개발하였으며 1998년에는 다섯 차례에 걸친 핵실험도 주도했다. 놀라운 공적을 이룩하여 인도를 저개발국가에서 개발도상국가로 발전시킨 주역이다.

그는 과학기술로 나라를 가난에서 구해내는 것이 필생의 꿈이었다. 장관급인 과학고문으로 맹활약하다가 70세가 된 2001년 홀연히 낙향하여 고향의 한 이공계 대학 교수로 변신하여 전국을 돌며 고교생들에게 과학자의 꿈을 심어주는 강연을 했다. 칼람은 2002년 5년 임기 대통령에 피선 되었다. 그가 대통령 임기 5년을 마치고 2007년 퇴임할 때 가지고 나간 이삿짐이 달랑 옷가방 2개였던 걸로도 유명하다.

초인(超人)

　21세 때 루게릭병(근육이 위축되는 질환)이란 진단을 받고 2~3년밖에 살 수 없다는 선고를 받았지만, 아인슈타인 이래 최고 물리학자로 존경받는 스티븐 호킹(Stephen Hawking, 1942~) 박사, 그는 분명코 초인(超人)이다.

　그는 케임브리지대학에서 박사과정을 밟던 1963년 스케이트를 타다 이유 없이 넘어졌고 루게릭병으로 진단을 받았다. 호킹은 곧 죽을 것이란 생각에 박사학위를 받는 것도 무의미하게 느껴져 학업을 포기했다. 그는 실의에 젖어 있다가 어느 날 파티에서 첫 아내 제인 와일드를 만났다. 호킹은 그녀를 만나 삶의 의욕을 되찾았고, 다시 박사과정 공부에 매진하게 된다.

　그는 몸에 마비가 점점 더 심해지는 상황에서도 빛나는 학문적 성과들을 남겼다. 갈수록 발음이 불분명해져 그를 아주 잘 아는 사람이 아니면 알아듣지 못하게 됐다. 1985년엔 폐렴에 걸려 호흡 곤란으로 생명이 위태로워지자 기관절개 수술을 받아 목소리마저 잃었다. 손가락으로 타이핑을 쳐 의사소통을 하다가 손가락마저 움직이지 못하자 뺨을 미세하게 움직이면 안경에 달린 적외선 센스가 이를 읽어내 컴퓨터 화면에 문자를 하나하나 입력하는 방식으로 세상과 소통해왔다. 그러다가 얼굴 근육마저 제대로 움직이지 못하자 안구를 움직여 사용하는 안구마우스로 현재도 연구를 계속하고 있는 불퇴전의 영웅이다.

미즈노 겐조(水野源三, 1937~1984)라는 일본인 뇌성마비 장애인이 있었다. 그는 듣지도 말하지도 못하고 물론 글도 쓸 수 없었다. 그런데 이 장애인이 쓴 4권의 기독교 시집이 베스트셀러가 되어 일본 열도를 감동시켰다.

미즈노는 모친의 헌신적인 노력으로 시를 쓸 수 있게 되었다. 그가 의사를 표현할 수 있는 유일한 길은 눈을 반짝이는 것뿐이었다. 그가 시를 쓸 때에는 그의 모친이 일본어 50자표를 걸어두고 막대기로 한 자씩 짚어 내려가다가 미즈노가 원하는 글자가 짚이면 그의 눈이 유난히 반짝인다는 것이다. 그러면 모친은 그 글자를 백지에 써 두고, 또 짚어 내려가다가 다음 글자를 쓰는 식으로 미즈노의 마음에 있는 시가 표현되었던 것이다. 그렇게 시 한 수를 쓰기 위해서는 오랜 시간과 두 사람의 인내가 필요했고, 그 시가 바로 일본 문단의 걸작이 되고 베스트셀러가 되어, NHK에 특집으로 보도됐다. 그의 시에는 「내 은혜가 네게 족하도다」라는 것도 있다. 도대체 미즈노 같은 사람이 어떻게 하나님의 은혜가 족하다 하겠는가? 하나님을 원망하고 또 원망해도 부족할 터인데, 신앙의 세계는 경이롭다.

스티븐 호킹과 미즈노 겐조, 이 두 사람의 생애야말로 불가사의하며 생명의 존엄성에 대한 한없는 경외심을 불러일으킨다. 어느 신학자는 "하나님의 신비에 접할 때 내 속에 있는 신비를 느낀다"라고 했다. 우리 인간은 정신만 몰두하면 감히 상상할 수 없는 일까지 할 수 있다.

자연의 조화

자연은 인간의 이성을 초월하는 놀라운 조화를 이루고 있다. 인간의 무지는 이러한 조화와 균형을 파괴할 때가 많다. 오래전 사슴과 늑대가 알래스카의 자연보호 지역에서 함께 살았다. 그런데 당국은 사슴의 안전을 위해 늑대를 모조리 없애 버렸다. 그 후 절대적인 안전을 구가하던 사슴은 그 수가 10년 동안에 4,000마리에서 무려 4만 2,000마리로 늘어나게 되었다. 그러나 사슴의 편안하고 게으른 삶은 예기치 못한 결과를 낳게 되었다. 운동량의 감소는 체질의 약화를 가져와 목숨을 재촉하게 만들었다. 결국 사슴은 4,000마리도 남지 않게 되었는데 이 위기를 타개하려고 당국은 다시 늑대를 투입시켰다. 사슴은 늑대에게 희생되지 않기 위해 필사적으로 뛰었고, 사슴은 다시 건강해졌다.

우리나라에서 서식하는 뻐꾸기의 종류는 매사촌, 검은등뻐꾸기, 뻐꾸기, 벙어리뻐꾸기, 두견이 등 5종인데 이들은 5월 중순에 찾아와 여름 동안 번식하고 가을인 10월을 전후해 강남으로 떠나는 여름철새이다. 뻐꾸기는 자신보다 10배 이상 작은 휘파람새, 산솔새, 뱁새 등 10여 종 이상의 산새들이 보금자리에 알을 낳으면 그 보금자리에 몰래 들어가 자기의 알을 한 개 낳는다. 알에서 먼저 깨어난 뻐꾸기 새끼는 미처 깨어나지 않은 작은 새의 알을 둥지 밖으로 밀어내고 설령 부화가 되더라도 큰 덩치로 작은 새의 새끼를 둥지 밖으로 밀어낸다. 어미 작은 새는 뻐꾸기 새끼가 제 새끼인 줄 알고 부지런히 벌레를 물어다 먹인다. 이렇게 어미 작은 새가 고생하여 기른 뻐꾸기 새끼가 다 자라면 또다시 어미 뻐꾸기가 데려 간다.

TV에 방영되는 동물의 왕국에서 흔히 보는 장면이다. 시청자들은 뻐꾸기가 그렇게 나쁜 새인 줄 몰랐다며 분노하는가 하면, 하나님은 왜 저렇게 얌체 같은 새를 만들었을까? 의문을 품으며 심지어 어떤 주부는 벽에 걸어 놓은 '뻐꾸기 시계'를 쓰레기통에 버리기까지 했다고 한다.

하지만 뻐꾸기는 아무 둥지에나 알을 낳는 것이 아니라 생태계에서 번식력이 강해 수가 증가하는 새의 종에게만 알을 낳아, 다양한 새의 종류가 함께 살아갈 수 있게끔 조절하는 역할을 한다. 만약 한 야산에 뱁새만이 불어날 때는 다른 종들은 먹을 것이 없고, 둥지 지을 곳도 없어 살 수 없게 될 것이다.

자연의 새들이 골고루 살게끔 조절해 주는 역할을 하는 새가 바로 뻐꾸기이다. 또한 뻐꾸기는 하루에 70여 마리의 산림 해충을 잡아먹는 이로운 새이기도 하다.

깊도다 하나님의 지혜와 지식의 풍성함이여, 그의 판단은 헤아리지 못할 것이며 그의 길은 찾지 못할 것이로다.
(로마서 11 : 33).

국졸(國卒) 대학교수

우리나라에 국졸(1996년부터 초등학교로 명칭 변경) 학력을 갖고 명문대 교수가 된 사람이 몇 명 있다. 그 중에 한 사람이 한문학의 대가 김도련(金都鍊, 1933~2012) 교수다.

김도련 교수는 전북 완주에서 태어났다. 집안 형편이 어려워 초등학교만 졸업한 뒤 농사일을 도우며 독학으로 한문학을 배웠다. 주경야독하여 검정고시에 합격한 그는 17세이던 1950년 완주중학교에 편입했지만 그해 6·25전쟁이 터지면서 정규 학업이 중단되었고, 다시 독학의 길에 들어섰다. 고향에서 면서기 등을 하다 1960년 서당을 열어 한문학 연구에 매진했다. 1968년 국사편찬위원회 교서원에 합격하여 근무하면서 서울대, 연세대, 국민대 등에서 강의했다. 그의 실력을 인정한 국민대는 1979년 심사를 거쳐 그를 교수로 채용했다. 정민 한양대 교수, 안대희

성균관대 교수 등 현재 한문 고전 풀어쓰기 주역들이 그
의 문하생이다. 저서로 한국의 역대 애정 한시 평설집『꽃
피자 어데선가 바람불어와』,『한국고문의 원류와 성격』,
『한국고문의 이론과 전개』 등이 있다.

젊은 시절 김 교수 밑에서 연암 산문 강독을 했다는 안
대회 교수는 "그전까지는 한문학이 시와 비평을 주로 했
는데 선생께서 산문 분석이 중요하다는 점을 처음 일깨워
주셨다. 오늘날 산문 연구의 큰 흐름을 이루는 데 물꼬를
트신 분"이라고 했다. 김도련 교수는 2012년 7월 23일,
79세의 일기로 별세했다.

우리나라 시인으로 박두진(朴斗鎭, 1916~1998) 교수만큼
존경받은 인물도 드물다고 생각한다. 그도 국졸(國卒) 학력
으로 26년간 대학에서 명강의를 해 왔다. 그의 성품은 너
무나 온유하고 겸손하고 진실했다. 그는 독실한 기독교인
이라서 술을 입에 대지도 않았다. 경기도 안성에서 태어
난 박두진 교수는 가정 형편이 어려워 초등학교도 겨우 졸
업했고 농사도 지어보고, 머슴살이도 해보고, 굶어도 보고
안 해본 것이 없을 만큼 어려움을 많이 겪었다. 그 흔한 해
외여행 한번 못 했던 소박한 인물이다.

같은 청록파(靑鹿派) 시인이면서도 조지훈(趙芝薰)의 선적

(禪的) 세계, 박목월(朴木月)의 향토적 세계와는 달리 기독교의 이상(理想)과 윤리의식을 바탕으로 한 그의 시 세계는 특히 사회 부조리와 불합리에 대한 분노와 저항 그리고 비판의 몸부림으로 물결치고 있다.

39년 「향현(香峴)」, 「묘지송(墓地頌)」 등의 작품으로 시단에 데뷔한 박두진 교수는 46년 동인지 『청록집(靑鹿集)』을 발간하며 한국 시단에 새바람을 일으켰고, 1955년부터 26년 동안 서울대, 이화여대, 연세대 등의 강단을 두루 돌며 문학을 강의해 오다가 1981년 6월, 매스컴의 화려한 조명을 받으며 교단을 떠났다.

신에 대한 절박한 의문

고 이병철(李秉喆, 1910~1987) 삼성그룹 회장은 병석에서
죽음을 앞두고 신(神)에 대한 절박한 의문을 풀고 싶어 했
다. 정의채(鄭義采) 몬시뇰 신부에게 그가 보낸 24개의 질
문이 배달됐다. 그러나 이병철 회장은 질문의 답을 듣지
못한 채 1987년 11월 19일 세상을 떠났다. 24가지 질문
의 요지 중 몇 가지를 보면 다음과 같다.

1. 신의 존재를 어떻게 증명할 수 있나? 신은 자신의 존재를 왜 똑
   똑히 드러내 보이지 않는가?
2. 신은 우주만물의 창조주라는데 무엇으로 증명할 수 있는가?
5. 신이 인간을 사랑했다면, 왜 고통과 불행과 죽음을 주었는가?
7. 예수는 우리의 죄를 대신 속죄하기 위해 죽었다는데, 우리의 죄
   란 무엇인가? 왜 우리로 하여금 죄를 짓게 내버려두었는가?

8. 성경은 어떻게 만들어졌는가? 그것이 하나님의 말씀이라는 것을 어떻게 증명할 수 있나?

10. 영혼이란 무엇인가?

12. 천주교를 믿지 않고는 천국에 갈 수 없는가? 무종교인, 무신론자, 타종교인 중에도 착한 사람이 많은데 이들은 죽어서 어디로 가는가?

14. 인간이 죽은 후에 영혼은 죽지 않고 천국이나 지옥으로 간다는 것을 어떻게 믿을 수 있나?

16. 성경에 부자가 천국에 가는 것을 낙타(駱駝)가 바늘구멍에 들어가는 것에 비유했는데, 부자는 악인이란 말인가?

23. 천주교의 어떤 단체는 기업주를 착취자로, 근로자를 착취당하는 자로 단정, 기업의 분열과 파괴를 조장하는데, 자본주의 체제와 미덕을 부인하는 것인가?

24. 지구의 종말은 언제 오는가?

이 회장의 24가지 질문의 가장 근본적이고 궁극적인 문제는 '천국은 과연 있는가? 있다면, 어떻게 갈수 있는가?'라는 하나의 문제로 귀결될 수 있다고 본다.

남북전쟁 당시 북군의 한 병사가 총탄을 맞고 쓰러졌다. 그는 죽음을 앞에 두고 "나에게 천국 가는 길을 가르쳐 달라"라고 절규했다. 전우가 소대로 뛰어가서 "여기 천국 가는 길을 아는 사람이 있습니까?"라고 외쳤다. 불행하게도 그 소대에는 천국 가는 길을 아는 사람이 없었다. 전우는 옆의 소대로 달려가서 또 외쳤다. 그랬더니 한 병사가 자신이 안다고 달려 나왔다. 이 병사는 숨을 몰아쉬는 전우에게 '요한복음 3 : 16'을 읽어주며 풀이해 주었다.

> 하나님이 세상을 이처럼 사랑하사 독생자를 주셨으니 이는 그를 믿는 자마다 멸망하지 않고 영생을 얻게 하려 하심이니라

쓰러진 병사는 예수를 받아들이고 천국을 바라보며 평안히 눈을 감았다.

불교가 깨닫는 종교라면 유교는 행하는 종교요 기독교는 믿는 종교이다. 깨닫는 것은 아무나 다 할 수 있는 것이 아니며 행하는 것도 마찬가지이다. 그러나 믿는 것은 누구나 다 가능하다.

은퇴 후 활동

　미국 대통령 가운데는 퇴임 후에도 나라를 위해서 계속 일한 분이 적지 않다. 초대 대통령 조지 워싱턴(George Washington, 1732~1799)도 그중 한 사람이다. 국부 조지 워싱턴은 미국의 독립전쟁이 끝난 후 당시의 국내외적인 여건이나 개인적인 명성으로 볼 때 국왕제(國王制)를 채택할 수도 있었지만, 공화정을 베풀고 초대 대통령에 당선되어 1793년 재선되었다. 1796년 3선 대통령으로 추대되었으나 민주주의적 전통을 수립하기 위해서 끝내 사양하고 고향 버지니아로 돌아가 농부가 되었다.

　워싱턴 밑에서 부통령을 지낸 존 애덤스가 2대 대통령으로 취임했다. 워싱턴이 재임 8년 동안 미국의 국기(國基)가 다져졌다고는 해도 건국 초기 미국의 대외관계는 여전히 불안했다. 애덤스 대통령은 취임 이듬해인 1798년부터 미국은 또 다른 어려움을 맞게 된다. 친불적인 공화파와 친영적인 해밀턴 사이의 대립이 심했고 프랑스는 신대륙에 널려있는 막대한 이해관계 때문에 미국에 대해 군사작전을 가할 기세였다. 이 위급한 상황에서 도울 수 있는 전략가를 찾아보았지만 퇴임한 전직 대통령 워싱턴만 한 적임자가 없었다. 그래서 애덤스는 워싱턴을 찾아가 도와달라고 요청을 했다.

워싱턴은 이미 나이 66세의 쇠약한 몸이 되었지만 기꺼이 응낙했다. 그리하여 워싱턴은 지난날 자기가 거느렸던 애덤스 밑에 들어가 육군참모총장이 되었다. 워싱턴은 당시로서는 최고 계급이었던 육군 중장(中將)의 계급장을 달고 현역으로 복귀한 것이다. 그는 탁월한 전략 전술로 프랑스의 군사적 위협을 깨끗이 해결해 내었다. 워싱턴은 육군참모총장으로 복귀한 지 1년 만인 1799년 12월 14일, 군복을 입은 채로 서거했다.

대통령 재임 시보다 퇴임한 뒤 더 많은 활동을 한 것으로 평가받는 사람이 바로 39대 지미 카터(Jimmy Carter, 1924~) 대통령이다. 카터는 1976년 대선에서 현직 대통령 포드를 누르고 승리하여 39대 대통령에 취임했다. 그러나 경제정책의 실패 등으로 80년 말 대선에선 공화당

후보 레이건에게 패해 단선으로 끝났다. 카터는 퇴임 후 1982년 조지아 주 애틀랜타 시에 카터재단을 설립하고 전 세계 민주주의 확산, 보건 증진, 국제 분쟁 조정 등 놀라운 활동을 전개하여 2002년 노벨평화상을 수상했다. 현재 20여 개 국에서 이 프로그램을 진행 중이며 180여 명의 간부들이 일하고 있다. 1984년부터는 '국제 집짓기 운동'을 전개하여 매년 전 세계를 돌며 저개발국 빈민층의 집을 지어주고 있다. 그리고 국제 분쟁 중재에 적극 가담하여 이스라엘 – 팔레스타인 분쟁 해결(1993년 오슬로 협정 체결)에 기여하였으며, 북 – 미간 분쟁 조정을 위해 3번 방북하였다.

천국은 가만히 앉아서 노는 곳이 아니라 열심히 일하는 곳이다. 사람은 일할 때 가장 행복하다.

예수께서 그들에게 이르시되 내 아버지께서 이제까지 일하시니 나도 일한다(요한복음 5 : 17).

스포츠 정신

"올림픽의 의의는 이기는데 있지 않고 참가하는데 있다."

런던올림픽이 진행 중인 1908년 7월 19일에 런던의 세인트 폴 대성당에서 올림픽 참가자들을 위한 특별예배가 있었다. 이 예배를 집전하던 펜실베이니아 주교가 설교에서 이 말을 처음 했고, 그 자리에 있었던 근대 올림픽의 창시자 쿠베르탱이 이 말을 인용해 유명해졌다. 이 말은 곧 올림픽의 격언이 되었다. 스포츠는 결코 승리가 전부가 아니다. 비이기적 행동, 인간의 성실과 관용의 정신, 기회 균등을 존중하는 것이 스포츠 근본정신이다.

1936년 독일의 수도 베를린에서 제11회 올림픽 경기가 개최되었다. 모든 경기 일정이 끝나고 '올림픽의 꽃'인 마라톤이 시작되었다. 42명의 선수가 출전했다. 손기정, 남승용이 일장기를 달고 출전한 이 대회에 대한 조선인의 관심도 대단했다. 8월 9일 밤 11시, 장맛비 속에서도 사람들이 광화문에 몰려들었다. 베를린올림픽 마라톤 라디오 중계를 듣기 위해서였다.

반환점을 돌 무렵 손기정은 2위로 달리고 있었다. 그와 거의 나란히 영국의 하퍼 선수가 달리고 있었고 저만치 앞서 대회 2연패를 노리는 아르헨티나의 자바라 선수가 선두를 달리고 있었다. '여기서 자바라를 따라잡아야 한다.' 그렇게 생각한 손기정 선수는 비탈길인 비스마르크 언덕에서 차츰 속력을 내기 시작했다. 이때 하퍼 선수가 한 발 앞으로 뛰어나가며 손기정 선수를 향해 손을 내저으며 "Take it easy! Let Jabala run him out! (무리하지 말라! 자바라는 지치도록 버려두라!) 속도를 유지하라는 당부였다. 손기정 선수는 이내 속도를 늦추었다. 30km쯤 달렸을 때 자바라 선수가 주저앉았다. 손기정 선수는 마침내 2시간 29분 19초 세계신기록을 세우며 우승했다. 하퍼 선수는 2위를 차지했다. 당시 영국 언론은 '하퍼 선수의 미담'을 보도했다고 한다.

1980년 스위스에서 '국제 자동차 경주 대회'가 열렸다. 상금 규모가 큰 만큼 세계적인 선수들이 모두 참가했다. 그 가운데서도 스위스 선수와 이탈리아 선수는 최강의 라이벌로 꼽혔다. 경주는 시작되었고 사람들의 예상대로 선두에는 스위스 선수와 이탈리아 선수가 나란히 나섰다. 골인 지점이 얼마 남지 않은 코너에서 이탈리아 선수가 발군의 저력을 발휘하여 스위스 선수를 제치고 앞으로 튀어나왔다. 관중들의 환호와 야유가 열광의 도가니를 이루었다. 그러나 바로 그때 앞서 가던 이탈리아 선수 차가 방호벽을 무섭게 들이받고는 뒤집혔고 부서진 차체는 하얀 연기를 내뿜었다. 폭발 직전이었다. 이제 누가 보아도 승리는 분명히 스위스 선수 차지였다. 그런데 그 순간 스위스 선수 차가 급제동 소리와 함께 사고 차 곁에 멎었다. 스위스 선수는 차의 비상용 소화기를 꺼내 이탈리아 선수 차로 달려가서 불을 껐다. 이탈리아 선수는 이내 달려온 구급차에 의해 구출되었다. 그러는 사이 다른 차들이 이미 골인선을 통과했다. 그날의 우승자는 아무도 기억하지 못하지만, 스위스 팀의 위대한 레이서 '필립 루'의 이름은 지금까지 전 세계 자동차 경주 애호가들의 가슴속에 진정한 승리자로 기억되고 있다.

기도와 응답

아래는 두레교회 김진홍(金鎭洪, 1941 ~) 원로목사의 간증
이다.

나는 2003년도에 교육부를 찾아가 지금 중고등학교에서 1
년에 퇴학당하거나 자퇴하는 학생 수가 무려 120,000명이
나 되는데 이들을 위해 특수학교(두레자연고등학교)를 세우고
싶다는 뜻을 밝히고, 최소한의 비용으로 학교를 세울 수 있
도록 해 달라고 간청했다. 교육부 장관은 최소한 10억 원이
필요하다고 했다.

두레마을 대표자들과 숙의를 했다. 모두 도대체 계란을 몇
개 팔아야 10억 원을 만들 수 있느냐며 낙심했다. 여러 차
례 논의 끝에 두레마을 재산을 모두 계산하니 5억 정도 되
었다. 그래서 그 재산을 모두 내놓고, 나머지 5억을 구하기

위해 기도하기로 결의했다. 나는 그해 구정 때 한 주간 금식기도를 했다. "하나님, 길 잃은 청소년을 위해서 학교를 세워야 하겠는데 5억이 모자랍니다. 해결해 주십시오"라고 간절히 기도했다.

며칠 뒤 서울에서 전화가 왔다. 우리 두레마을은 경기도 화성구에 있는데 어떤 할머니가 "목사님 좀 뵙고자 합니다." 나는 늘 걸려오는 노인들의 전화인 줄 알고 "할머니 우리 두레마을에 들어오시려고요……"라고 불가한 사정 이야기를 했더니, 할머니가 "그런 것이 아니고요 내가 좋은 일에 쓰려고 평생 모은 돈이 있어서 목사님께 드리려고 합니다." 나는 급히 할머니를 찾아갔다. 86세 된 할머니인데 고생을 많이 하신 분 같았다. "내가 기도할 때는 길 잃은 청소년들을 위해 쓰임 받았으면 했는데, 내 기도는 그랬지만 목사님 알아서 쓰십시오" 하시면서 저금통장 하나를 건네주었다. 통장을 아예 내 이름으로 만들었고, 내 도장까지 새겨서 함께 주셨다. 내가 열어 보니깐 딱 5억이었다. 그래서 두레고등학교를 세울 수 있었다.

한동대는 1994년 학교설립 인가를 받아 경북 포항시 흥해읍에 세워졌고 불과 20년 만에 한국의 명문대학으로 자리매김하였고, 세계적인 대학으로 급부상하고 있다. 이 대학의 명칭을 '한동'으로 한 것에는 다음과 같은 사연이 있다. 대학 설립본부는 지역주민의 관심과 참여를 불러일으키려고 현상금 100만원을 걸고 학교명을 공모했다. 무려 130여 개가 넘는 이름들이 들어왔다. 한국의 동쪽, 학문의 요람이란 뜻의 '한동(韓東)'이 선택되었다. 설립본부는 응모자에게 연락했다. 어린아이가 전화를 받았다.

"아버님이 뭐하시는 분이시냐?"

"목사님이세요."

그분은 구룡포 어촌에서 자그마한 교회를 개척하신 우선화 목사님이었다. 교회에서 꼭 써야 할 돈 100만 원이 필요해서 응모했는데 그날도 목사님 내외분은 교회에 나가서 그 이름이 뽑히기를 기도하고 있었던 것이었다.

구하라 그리하면 너희에게 주실 것이요(마태복음 7 : 7).

우리가 기도하기 전에 하나님은 우리에게 필요하신 것을 잘 알고 계신다. 그러나 기도하라고 하셨다. 그래야 하나님이 주신 것을 알 수 있기 때문이다.

전쟁은 하나님께 속한 것

　제2차 세계대전 초기 '덩케르크의 싸움(Battle Dunkerque)'이라는 유명한 전투가 있었다. 1940년 5월 28일부터 6월 4일까지 8일 동안에 유럽 파견 영국군 22만 6,000명과 프랑스 · 벨기에 연합군 11만 2,000명을 프랑스 북부 덩케르크 해안에서 영국 본토로 최소한의 희생을 내고 철수를 감행하였던 작전이었다.

　연합군은 히틀러의 막강한 군사력에 밀려 프랑스 북부의 덩케르크 항구까지 쫓겨났다. 덩케르크는 더는 물러설 곳이 없는 막다른 항구였다. 독일군은 연합군을 바다 쪽으로 몰아넣기 위해 철통같이 포위하였다. 사면초가에 빠진 영국군은 본국에 군사들을 철수시킬 배를 보내줄 것을 무전으로 요청했다. 급보를 받은 영국 왕 조지 6세는 온 국민에게 "영국 군대를 건져달라고 하나님께 간절히 기도하자"라고 '기도의 날'을 선포하였다. 전 국민이 그날 기도했다.

한편으로 절망적인 소식을 들은 용감한 영국인들은 가난한 어부들의 삐걱거리는 배, 귀족들의 화려한 요트, 그리고 운동선수들의 보트와 모터보트, 거룻배까지 영국 내 모든 배를 가지고 항구로 모여들었다. 이 잡동사니 함대는 영국 쉬어니스 항구를 떠나 덩케르크로 출발했다. 그 날 기적이 일어났다. 독일군 쪽에는 큰 폭풍우가 일어나서 비행기 한 대도 뜰 수가 없었고 비가 너무 많이 와서 탱크 한 대도 움직일 수 없었다. 그러나 영국군 쪽에는 비도 오지 않고 바람도 불지 않고 너무나 조용했다. 도버해협이 얼마나 잔잔하고 고요한지 마치 거울같이 맑았다. 850척의 모든 종류의 선박들은 8일 밤낮 동안 영국과 덩케르크를 부지런히 오갔다. 그 결과 영국군과 프랑스군 등을 합해 33만 8,226명이 목숨을 구했다.

제1차 걸프전은 1990년 이라크가 쿠웨이트를 점령하므로 전쟁이 발발하여 다국적군이 쉽게 승리했지만, 하마터면 다국적군이 치명타를 입을 뻔했다. 당시 이라크는 화학탄으로 공격하기 위해 만반의 준비를 다 갖추었는데 다국적군이 포진해 있는 남쪽으로 불어야 하는 바람이 갑자기 북쪽으로 부는 바람에 화학탄을 사용할 수가 없었다.

걸프 주둔 미 해군 사령관 스탠리 아서 장군은 지상전 개시 직후 풍향이 돌변하는 바람에 이라크 화학탄 공격을 면할 수 있었다고 아슬아슬했던 당시를 술회했다.

그는 "당시 강하게 남쪽으로 불어대던 바람이 지상전 개시와 때맞춰 북쪽으로 방향을 틀어버렸기 때문에 다국적군은 이라크의 화학무기 공격에 벗어날 수 있었다"라고 말했다. 아서 중장은 이어서 "나는 이라크 병사들이 풍향이 바뀌기 바로 직전까지도 화학탄 공격을 준비하고 있었다고 확신한다"라고 했다.

전쟁은 여호와께 속한 것인즉 그가 너희를 우리 손에 넘기시리라(사무엘상 17 : 47).

"워털루는 하나님이시라"라는 유명한 말이 있다. 워털루 전투에서 나폴레옹이 패한 것은 전적으로 하나님의 간섭이라는 뜻이다.

주도면밀(周到綿密)

조선 시대 유명한 무신 이완(李浣)은 임진왜란 때 큰 공을 세우고 형조판서에까지 올랐던 이수일(李守一)의 아들로 태어났다. 이완은 22살이 되던 인조 2년에 무과에 급제하였다. 20대에는 주로 변방의 현령으로 지내다가 29살 때에 평안도 병마절도사로 승진하면서 두각을 나타내기 시작했다. 병자호란 때 큰 공을 세우고 함경도 병마절도사와 경기도 수군절도사를 차례로 지냈다. 효종이 등극하여 병자호란의 치욕을 씻을 궁리를 할 때 이완 장군이 천거되었다.

어느 날 효종은 깊은 밤중에 대신들을 급히 대궐로 불러들였다. 대신들이 대궐 문을 들어오는 순간 효종은 무장들을 시켜 그들에게 활을 쏘도록 했다. 조복을 입은 대신들은 화살 때문에 입궐하지 못했지만, 이완만이 무사히 어전에 도착할 수 있었다. 이완은 깊은 밤중에 왕이 급히 부를 때는 뭔가 매우 급한 사태가 궁중에서 일어났으리라 짐작하고 도포 속에 갑옷을 입고 입궐했기 때문에 무사히 들어갈 수가 있었다.

역대 외교관 중 '최장수(6년 5개월) 대사' 기록을 가진 김하중(金夏中) 전 중국 대사는 우리 외교사에 큰 획을 그은 입지전적인 인물이다. 김대중 대통령 시절 외교안보수석 등을 거치며 3년 8개월 동안 청와대에서 일하다가 중국 대사가 되었고 노무현 정부 때까지 유임되었다. 이명박 정부 때는 통일부 장관을 역임하다가 2009년 퇴임하고 은퇴했다. 화려한 경력이다.

김하중 전 대사가 청와대에서 일할 때 이야기다. 그는 청와대에 근무하면서 청와대 밖을 잘 나가지 않았다. 그리고 될 수 있는 대로 사람들을 만나지 않았으며 점심도 구내에서, 또는 도시락으로 해결했다. 오로지 대통령 보좌에 전념했다. "대통령이 질문하면 즉각 대답할 수 있어야 한다. '알아보겠습니다'라고 하면 안 된다. 그 말은 누구나 다 할 수 있기 때문이다. 그렇게 하기 위해서는 공부를 많이 하여 준비해야 한다. 대답도 정황에 따라 3분, 5분 핵심을 잘 정리하여 답해야 하고 보고서는 밑에 있는 사람에게 시키지 않고 직접 작성한다."

성경에도 보면 주도면밀한 사람이 있었다. 엘리사가 갈멜산으로 기도하러 갈 때 수넴 여인이 하나님의 사람인 줄 알고 강권하여 식사 대접을 한다. 나중에는 작은 방을 하나 만들고 침상과 책상과 의자와 촛대를 마련하고 유해 가도록 하였다. 엘리사는 자기에게 필요한 것을 모두 마련해 주는 여인에게 "우리를 위하여 세심한 배려를 하는도다"(열왕기하 4 : 13)라고 칭찬하고 자식이 없는 노부부에게 아들을 낳게 해 주었다(열왕기하 4 : 17).

절묘한 우주

　우리가 살고 있는 지구는 너무나 신비롭다. 한 마디로 신묘막측하다. 태양과 지구 사이의 거리는 약 1억5,000만 Km이다. 빛이 태양에서 지구까지 오는데 소요시간은 8분 정도 걸린다. 빛이 1년간 가는 거리를 1광년이라 말한다. 그런데 이 광활한 우주의 직경은 200억 광년이다. 우리는 우주가 얼마나 넓은지 상상조차 할 수 없다.

　'넓은 우주에 떠 있는 별들은 얼마나 많을까?' 그것 역시 상상을 초월한다. 그 많은 별들 가운데 지구에만 생명체가 살고 있다니 놀라지 않을 수 없다.

　하나님은 지구를 특별하게 설계하셨다. 태양은 끊임없는 핵폭발로 빛을 발산하는데 그 빛이 지구에 다 전달되면 생명체는 살아남을 수가 없다. 그런데 지구에는 지상에서 80km 정도에는 D전리층이, 110km 높이엔 E전리층이,

330km 높이에는 F2전리층이 있어서 태양으로부터 쏟아지는 무서운 광선을 차단하여 줌으로써 생명체의 생존이 가능하다. 그뿐만 아니라 대부분의 위성은 타원형 궤도로 공전하는데 지구는 원형에 가까운 타원궤도로 공전하고 있다. 만약 지구도 타원형 궤도로 공전한다면 태양에서 멀어질 때는 얼어 죽고 태양에 근접할 때는 타서 죽게 된다. 원형에 가깝게 공전하기 때문에 지구 표면 온도가 평균 14.4℃, 평균 바다 온도가 7.2℃로 유지된다. 또한 지구의 공전 속도는 시속 약 11만 Km로 비행기 속도보다 약 100배 정도 빠르다. 지구의 공전 속도가 이보다 빠르면 지구는 태양으로부터 멀어져 바다는 거대한 얼음 덩어리로 변하고, 더 느리면 지구는 태양으로 빨려 들어가 녹아버린다.

신비한 사실이 한둘이 아니다. 최근에 발견된 또 한 가지 놀라운 사실은 지구를 돌고 있는 달이 지금보다 조금 더 멀리 떨어졌거나 가까이 있어도 지구에서 사람이 살아갈 수가 없고 달의 무게가 좀 더 크거나 작아서도 안 된다는 사실이 밝혀졌다. 최적의 거리에서 최적의 무게로 말미암아 지구 자전축을 안전하게 하고 그 결과 지구의 기후를 안정시키는 중요한 역할을 하고 있다는 것이다.

달을 연구한 두 명의 무신론 과학자 크리스토퍼 나이트

(C. Knight)와 앨런 버틀러(A. Butler)는 달의 위치와 크기, 공전 주기 등 모든 것이 도저히 우연의 일치로는 볼 수 없어 『누가 달을 만들었는가(Who Built the Moon?)』라는 책을 2005년에 출간했다. "과학자는 점점 유신론자가 되고 신학자는 점점 무신론자가 된다"라는 말 그대로다.

> 하늘을 창조하신 이 그는 하나님이시니 그가 땅을 지으시고 그것을 만드셨으며 그것을 견고하게 하시되 혼돈하게 창조하지 아니하시고 사람이 거주하게 그것을 지으셨으니(이사야 45 : 18).

작은 친절

　세브란스병원의 한 젊은 의사가 아침에 출근하고 있었다. 병원 입구에서 어떤 외국 노인과 택시 기사가 다투고 있었다. 병원으로 들어가는 사람들이 장사진을 이루었지만, 어느 한 사람 외국 노인에게 관심을 기울이지 않았다. 이 젊은 의사는 다가가 사연을 물었다. 외국 노인은 세계 여행 중에 부인이 병이 나서 이 병원에 입원해 매일 문병을 오는데, 말이 통하지 않아 택시 요금 때문에 다투고 있었다. 젊은 의사는 자기 돈으로 요금을 지급한 뒤 택시 기사에겐 외국 사람에게 친절히 하라고 질책을 하고 노인에겐 정중하게 사과를 하고 돌아섰다. 감동한 노인은 젊은이에게 명함을 하나 달라고 요청을 했다. 명함을 건네주고 서로 헤어졌다. 몇 년의 세월이 흘러갔다. 어느 날 이 의사에게 편지 한 통이 전달되었다. 미국 어느 변호사가 보낸 유산 상속 통지서였다. 이 노부부는 많은 토지를 소유한 부자였는데 죽을 때 변호사에게 자기 소유를 이 젊은 의사에게 상속하라고 유언을 남긴 것이다. 그는 즉시 가족을 데리고 미국으로 건너가 그 많은 재산을 상속받고 지금까지 미국에서 살고 있다.

미국의 유명한 공업 도시 피츠버그, 가구점이 모여 있는 거리에 할머니 한 분이 비를 맞으며 여기저기를 두리번거렸다. 그러나 아무도 할머니에게 신경을 쓰지 않았다. 그때 한 가구점 주인이 할머니에게 다가갔다.

"할머니, 빗물이 찬데 저희 가게 안으로 들어오세요."

"아니, 괜찮아요, 나는 물건을 사러 온 것이 아니라 차를 기다리는 중이니……."

"물건은 안 사셔도 좋으니 그냥 들어오셔서 비를 피하세요." 그러자 할머니는 가구점 안으로 들어가 소파에 앉아 차를 기다렸다.

"할머니, 차 번호를 말씀해 주시면 제가 확인해 드릴게요." 마지못해 할머니가 말해주자 가구점 주인은 차를 확인하기 위해 몇 번이나 나갔다 들어왔다 했다. 이윽고 차가 도착하자 주인은 할머니를 상냥하게 배웅했다. 며칠 후, 그 가게에 미국의 대재벌 강철왕 카네기(Andrew

Carnegie, 1835~1919)로부터 뜻밖의 편지가 왔다.

"지난번에 비 오던 날 저희 어머니께 베풀어 주신 당신의 친절에 감사드립니다. 앞으로 우리 회사에서 필요한 모든 가구는 물론이고, 고향에 짓고 있는 집에 필요한 가구도 모두 당신에게 주문하겠습니다. 카네기"

마태복음 25장에 나오는 '양과 염소의 비유'에 최후의 심판 때 하나님은 "내가 주릴 때에 너희가 먹을 것을 주었느냐? 목마를 때에 마시게 하였느냐?"라고 심문한다고 하셨다. 배고픈 사람에게 빵 한 조각, 목마른 사람에게 물 한 컵은 마음만 있으면 누구나 다 할 수 있는 일이다. 어마어마한 것을 갖고 심문하는 것이 아니라 평범한 일상생활을 갖고 심판하신다고 하셨다. 여기 심판의 비밀이 있고 심판의 열쇠가 있다.

신비(神秘)

　세상에는 첨단 과학으로 설명이 불가능한 사실이 있다. 이런 사실을 신비의 영역으로 넘긴다. '그리스도의 성의(聖衣)'와 '히로시마 원폭의 종'이 그 대표적인 예이다.

　성경에 보면 예수 그리스도가 십자가에서 돌아가셨을 때 아리마대 요셉이 깨끗한 세마포에 싸서 장례했다는 기록이 나온다(마태복음 27 : 59). 바로 그 수의라고 추정되는 성의가 토리노 대성당에 보관되어 있다. 폭 1.1m, 길이 4.4m의 이 세마포에는 등신대(等身大)의 사람 얼굴과 상처 입은 인체가 어렴풋이 드러나 보인다. 십자군 원정 때 성지에서 가지고 돌아왔다는 이 유물은 백 년에 네 번 정도만 공개된다. 세마포에는 혹심한 고문을 당한 흔적이 완연하다고 한다. 코가 부러지고 오른쪽 볼이 부어올랐으며 오른쪽 눈꺼풀이 찢어져 있고, 더욱이 두 손목과 발목에는 응어리진 핏자국이 있고 못질 당한 흔적이 완연하다고 한다. 그동안 많은 과학자들이 진위 여부를 놓고 여러모로 분석해 보았다.

1902년, 프랑스의 저명한 의학자인 이브 드라주 박사는 면밀한 과학조사 끝에 세마포에 스며든 흔적은 인체의 땀과 용설란(龍舌蘭)의 향료가 영상을 이룬 것임을 밝혔다. 1981년에는 30명으로 구성된 미국의 첨단과학진이 2천여 장의 정밀사진과 방사능 및 화학검사를 한 결과 인위적으로 그리거나 조작된 것이 아니라는 것을 확인했다. 수의 영상은 세마포의 섬유소와 사람의 피 속에 있는 헤모글로빈과의 화학변화로 결론지었다. 과학의 발달이 신비성을 더욱 강조하고 있다.

1945년 8월 6일 새벽 2시 45분, 무거운 짐을 실은 티비츠 대령의 B-29 폭격기가 서태평양 티니안 섬의 미군기지 활주로를 불과 몇 미터 남겨놓고 떠올랐다. 7시가 넘어서자 목적지인 히로시마에 진입했다. 8시 15분 17초, B-29 폭격기 폭탄 문이 열리고 폭탄은 투하되었다. 직경 540m의 불덩어리가 중심부 온도를 1억 도까지 높이면서 히로시마를 삼키기 시작했다.

모든 건물이 파괴되고 모든 쇠붙이가 다 녹아 버렸다. 원폭이 떨어진 곳에 성당이 하나 있었는데 물론 성당도 다 무너졌다. 그런데 놀랍게도 성당 안에 있던 노란 종 하나가 멀쩡하게 그대로 남아 있었다. 쇠붙이라고는 남아있는 것이 없이 다 녹아 버렸는데, 유독 이 종만은 녹지 않고 그대로 남아 있었다. 너무나 신기해서 이 종을 원폭기념관에 전시해 두었다. 그리고 그 밑에 이렇게 기록했다. '불가사의(不可思議)' 말로 나타낼 수 없는 신비란 뜻이다. 곧 하나님의 간섭 없이는 절대 불가능한 역사라는 것이다. 무엇을 뜻하는가? 1억 도가 넘는 불길 속에서도 하나님은 그 속에 계셨다. 그런 뜻이 아니겠는가!

그의 영원하신 능력과 신성이 그가 만드신 만물에 분명히 보여 알려졌나니 그러므로 그들이 핑계하지 못할지니라 (로마서 1 : 20).

양심(良心)

칸트는 "내 머리 위에는 경이로운 별이 반짝이는 하늘, 내 마음에는 작동하는 양심"이라고 했다. 나침판이 항상 남북을 가리키듯이 양심은 항상 하나님을 향해 작동한다. 양심은 하나님이 살아계신 증거이다. 인류의 위대한 빛을 남긴 사람 중에는 양심에 따라 산 사람들이 많다.

독일의 도시 바덴바덴에는 세계인이 존경하는 디트리히 폰 콜티츠(Karl Dietrich von Choltitz, 1894~1966) 장군이 잠들어 있다.

2차 세계대전 당시 그는 히틀러가 신임했던 파리 점령 군 사령관이었다. 연합군의 노르망디 상륙작전으로 독일 군이 퇴각할 위기를 맞게 되자 콜티츠에게 파리를 초토화 시키라는 명령이 내려졌다. 나폴레옹이 잠들어 있는 앵발리드 기념관에 2톤의 폭약을 장치하고 유서 깊은 노트르

담 사원에 3톤 등 중요 문화제에는 폭약을 장치하여 점화를 기다리고 있었다. 남은 것은 콜티츠 장군의 명령 한 마디뿐이었다. 하지만 그에게 파리는 한 나라의 수도이기 전에 인류의 유산을 간직한 소중한 도시였다.

콜티츠는 끝내 폭파 명령을 내리지 않은 채 연합군의 포로가 되었다. 포로가 되기 직전 그는 아내에게 전화를 걸었다. "우베르타, 나는 양심과 소신에 따라 행동했을 뿐이오." 1966년 여름, 그가 바덴바덴에서 눈을 감았을 때 그의 무덤 앞에는 꽃을 바치려는 파리 시민들의 발길이 줄을 이었다.

제2차 세계대전이 발발하자 폴란드 유대인 12만 명이 나치를 피해 리투아니아로 몰려들었다. 리투아니아 유대인도 20만 명에 이르렀다. 이들은 곧 닥칠 나치로부터 탈출해야 했지만 비자를 내주는 공관이 거의 없었다. 소련이 리투아니아를 차지하고 외국 공관을 쫓아내면서 사정이 더 급박해졌다. 일본 영사관에도 유대인들이 몰려왔다. 일본행 비자를 받으면 동유럽을 빠져나와 독일 비밀경찰의 손에서 벗어날 수 있었기 때문이었다. 일본 영사대리 스기하라 지우네(杉原千畝. 1900~1986)는 본국으로 유대인들에게 비자 발급을 허락해 달라고 세 번이나 전문을 보냈지만 독일, 이탈리아와 삼국동맹을 앞둔 일본 정부가 펄쩍 뛰었다. 스기하라는 훈령을 어기고 비자 발급을 결심했다. 이후 28일 동안 그는 아내(유키코)와 더불어 밤잠도 못 자고, 음식도 제대로 먹지 못하면서, 하루 수백 장씩 손수 비자를 쓰고 도장을 찍는데 몰두했다. 한 달 만에 영사관이 폐쇄되고 호텔과 떠나는 역에서까지 발급한 '생명의 비자'가 모두 2,139장이나 되었다. 한 장의 비자로 한 가족이 쓸 수 있어 6,000여 명이 소련을 지나 일본으로 갔다. 스기하라는 돈독한 그리스도인이었다. 그는 면직되었지만 일본 외무성은 2000년에야 그의 공적을 인정했다. 옛 일본 영사관은 스기하라 기념관이 되었다.

성경에도 보면 "유대인 남아가 태어나면 나일강에 버리라"라는 추상같은 왕의 명령을 받은 애굽 산파들이 명령을 어기고 아기를 살렸을 때 하나님이 그들에게 복을 내렸다고 했다(출애굽기 1 : 21).

신뢰(信賴)

　'신뢰'의 사전적인 의미는 '믿고 의지함, 믿고 맡김'이다. 불신이 팽배한 이 세태에 신뢰를 받는다는 것은 여간 어려운 일이 아니며 매우 힘이 드는 일이다. 더욱이 원수로부터도 신뢰를 받는다는 것은 신뢰의 극치이며 고매한 인품에서 배어나온 최고의 미덕이다.

　당쟁이 가장 치열했던 이조 숙종 때에 동방 유학의 거두인 우암 송시열(尤庵 宋時烈, 1607~1689)을 주축으로 하는 서인(西人)과 예학(禮學)을 대성한 양천 허씨의 기둥인 미수 허목(眉叟 許穆, 1595~1682)은 '왕비의 복상 기간'을 두고 날카롭게 대립했다. 당시로 볼 때 주자가례의 문제는 먹고 사는 일보다도 더 중요한 일이었다.

　송시열과 허목의 대립이 치열할 때 송시열이 갑자기 중병에 걸렸다. 백방으로 약을 썼지만 조금도 차도가 없었다. 이때 송시열은 자기의 병은 허목 만이 고칠 수 있으니 가서 처방을 받아 오라고 했다. 후손들은 정적에게 약을 처방받는 것이 얼마나 어리석은 일이냐고 반대가 분분했지만 다른 길이 없어서 처방을 받아왔다. 허목은 주저 없이 처방을 써주었다. 처방전을 펴보니 모두 위험하기 짝이 없는 극약들이었다. 자손들은 그 약을 지어올 수 없다고 하자 송시열은 손을 저으며 "미수는 그럴 사람이 아니니 처방대로 약을 지어 오라"고 했다. 송시열은 그날로 효험이 있어 완쾌되었다.

베트남전 때 주월(駐越) 한국군 사령관을 지낸 예비역 육군 중장 채명신(蔡命新, 1926~2013) 장군이 6·25전쟁이 발발 후 한국군 최초의 유격부대인 '백골병단' 사령관으로 활동할 때 일이다.

1951년 3월, 김일성의 오른팔로 불렸던 조선공산당 제2 비서이자 대남유격부대 총사령관이었던 길원팔(吉元八) 중장이 모처에 숨어있다는 첩보를 입수했다. 25세인 채명신 장군(당시 중령)은 강원도 인제군에 숨어있던 길원팔을 붙잡았다. 채 장군은 방에서 길원팔과 단둘이 마주보고 심문에 들어갔다. 길원팔은 조금도 당황하거나 불안한 기색 없이 침착하고 당당했다. 그는 확실히 거물이었다. 채 장군은 전향을 권유했으나 거절한 길원팔은 김일성 동지에게 선물 받은 자신의 총으로 죽고 싶다고 했다. 그의 의지를 꺾을 수 없다고 판단한 채 장군은 길원팔의 총에 실탄을 한 발 넣어 건네주고 몸을 돌려 방을 나왔다. 잠시 후 총소리가 났고, 길원팔은 책상에 머리를 숙인 채 숨졌다. 훗날 "혹시라도 길원팔이 뒤통수를 쏠 것이라 걱정은 안 들었나?"라는 주변의 질문에 채 장군은 "두려움이 없었다"라고 답했다. 채 장군은 비록 적이지만 그를 신뢰했던 것이다. 채 장군은 양지바른 곳에 길원팔을 묻고 '길원팔지묘(吉元八之墓)'란 묘비를 세워 주었다.

성경에도 믿음의 조상 아브라함은 100세에 얻은 아들 이삭이 혼기가 되자 종 엘리에셀에게 10마리 낙타에 금은보화를 실어주며 하란에 가서 좋은 규수를 구해오라고 부탁했다. 그가 종을 얼마나 신뢰했는가를 잘 말해 주고 있다(창세기 24 : 4).

생의 전환(轉換)

인생을 살다 보면 어떤 계기로 삶이 완전히 바뀌는 전환점을 맞는 사람이 있다. 지금까지 살아온 방향과 180도 회전하여 전혀 다른 사람이 되는 경우가 없지 않다. 대표적인 예가 록펠러와 해리 홀트를 들 수 있다.

록펠러(John D. Rockefeller, 1839~1937)는 젊은 시절 '스탠더드 오일' 회사를 설립하고 무자비하게 경쟁자를 축출했는데, 특히 1870년에 공급과잉으로 석유 가격이 폭락하자 흔들리는 경쟁사들을 모조리 사들여 독점 기업을 만들어 엄청난 부를 축적했다. 33세에 백만장자, 43세에 미국의 최대 부자, 53세에는 세계 최대 부자가 된다.

하지만 그는 진정한 행복을 느끼지 못했고, 55세에는 불치병으로 1년 이상 살지 못한다는 사형선고를 받는다. 그가 최후 검진을 위해 휠체어를 타고 병원에 들어섰을 때,

병원 로비에 실린 액자의 글이 눈에 들어왔다.

주는 것이 받는 것보다 복이 있다(사도행전 20 : 35).

그 글귀를 보는 순간 마음속에 전율이 느껴지고 눈물이
났다. 선한 기운이 온몸을 감싸는 가운데 그는 눈을 지그
시 감고 생각에 잠겼다.

조금 후 시끄러운 소리에 정신을 차리게 되었는데 입원
비가 없는 환자 어머니가 아이를 살려달라고 몸부림치고
있었다. 록펠러는 몰래 아이의 입원비를 지불했다. 얼마
후 은밀히 도운 소녀가 기적적으로 회복되자 그 모습을 조
용히 지켜보던 록펠러는 얼마나 기뻤던지 나중에 자서전
에서 그 순간을 이렇게 표현했다.

"나는 살면서 이렇게 행복한 삶이 있는지 몰랐다."

그때 그는 나눔의 삶을 결심했다. 그와 동시에 신기하게
그의 병도 사라졌다. 그 뒤 록펠러는 98세까지 살며 선한
일에만 힘썼다. 나중에 그는 이렇게 회고했다.

"인생 전반기 55년은 쫓기며 살았지만, 후반기 43년은
행복하게 살았다."

해리 홀트(Harry Holt, 1904~1964)는 50세가 될 때까지 열

심히 일하여 미국의 유명한 거부가 되었지만, 심장병이 발병되었다. 대지가 2만 평이나 되는 저택을 짓고 아들딸 8명과 더불어 호의호식하며 요양을 하고 있는데, 어느 날 6·25전쟁이 일어난 서울 거리에서 영양실조가 된 아이들이 미군이 먹다 버린 깡통 속에서 음식 찌꺼기를 꺼내먹는 보도를 보고 큰 충격을 받는다.

"저 아이들은 저렇게 죽어 가는데 나 혼자 이렇게 잘먹고 잘살아서 되겠나, 하나님께서 내게 이만큼 많은 재산을 주신 것은 뭔가 가치 있는 일을 하라고 주신 것이라는 생각이 들었다. 그래서 한국에 와서 흑인 혼혈아 그것도 가장 못생기고 허약한 12명을 데리고 가서 8명을 자신의 자녀로 입적시키고 나머지 4명은 동생에게 기르게 했다. 이 소식이 전국에 알려지자 수천 명이 동참 의사를 밝혔다." 그 후 홀트 부부는 한국과 미국에 '홀트아동복지회'를 세워 고아들을 위해 죽기까지 헌신했고, 사망 후 유언에 따라 일산의 공원묘지에 나란히 묻혔다.

> 가난한 자를 불쌍히 여기는 것은 여호와께 꾸어 드리는 것이니 그의 선행을 그에게 갚아 주시리라(잠언 19 : 17).

법조 삼성(法曹 三聖)

　김병로 초대 대법원장과 검찰의 양심 최대교 서울고검장 그리고 사도(使徒) 법관 김홍섭 판사는 '법조 삼성(聖)'으로 추앙받고 있다.

　가인 김병로(街人 金炳魯, 1887~1964)는 18세 때 담양 일신학교에서 서양인 선교사에게 신학문을 배웠다. 1913년 메이지 대학(明治大學)을 졸업하고 경성법전 조교수, 보성전문 강사를 역임했다. 1919년 변호사를 개업하고 광주학생운동, 6·10 만세운동 등의 무료 변호를 많이 맡았다. 광복 후 1948년 초대 대법원장에 취임하였다.

　1953년 어느 날, 이승만 대통령이 대법원장을 만났다. 현역 대위를 권총으로 쏘아죽인 민의원 서민호에게 1심 법원이 정당방위라며 무죄를 선고한 뒤였다. 대통령은 대뜸 "어떻게 그가 무죄냐"고 목소리를 높였다. 가인 김병로는 "판사가 내린 판결은 대법원장인 나도 뭐라 못합니다. 유죄라면 상소하세요"라고 맞받았다.

가인은 국산 담배를 꼭 반으로 잘라 나눠 피우고, 기름을 때는 공관에서도 톱밥과 연탄으로 겨울을 났다. 가인은 1957년 "사법종사들에겐 부정을 범하는 것보다 굶어 죽는 것이 영광이다"라는 말을 남기고 물러났다.

최대교(崔大敎, 1901~1992)는 1932년 일본 고등문관 사법과 시험에 합격, 조선총독부 검사가 되었다. 서울고검장 시절에 그의 봉급만으로는 가계를 꾸려 나가기가 어렵게 되자 부인과 자녀들은 부업으로 편지봉투를 만들어 생계에 보탰다.

최대교란 이름이 세상에 널리 알려지게 된 것은 1949년 임영신 상공부 장관 독직 사건 때문이었다. 당시 이승만 대통령의 신임이 두터워지자 임영신은 장관 자리 하나로 만족하지 못하고 경북 안동 보궐선거에 출마하여 불의를 자행하며 당선이 됐다. 대통령도 최대교 검사장의 수사를 노골적으로 방해하며 보복인사를 단행하겠다고 위협했지만, 끝까지 굴복하지 않고 임영신의 장관복을 벗겼다. 그는 중년 무렵 서울 변두리에 20여 평 낡은 한옥 한 채를 마련하고 평생을 살았다. "청렴하기 때문에 강직할 수 있다."

그가 남긴 말이다.

김홍섭(金洪燮, 1915~1965)은 독학으로 조선 변호사 시험에 합격해 법관이 됐다. 그는 판사가 된 뒤에도 늘 값싼 중고 양복에 검정고무신을 신고, 옆구리에 사건 기록과 단무지 도시락을 든 채 매일 법원 마크가 붙은 관용차를 타는 대신 덕수궁 돌담길을 걸어서 대법원에 출근했다. 사형수들을 찾아다니며 "진정으로 참회하라"고 설득하며 박봉을 쪼개 책을 선물하거나 사형수의 가족을 돌보고, 사형수들의 묘지를 사는 데 썼다. 죽고 나서도 사형수들 곁에 묻혔다. 법조 삼성은 모두 청렴결백하고, 용기가 있었다.

오직 정의를 물 같이, 공의를 마르지 않는 강 같이 흐르게 할지어다(아모스 5 : 24).

삼수생(三修生)

20세기의 위대한 정치가 윈스턴 처칠(Winston Leonard Spencer Churchill, 1874~1965) 경은 명문가정에서 자랐지만, 학창 시절 수학과 라틴어에 자신이 없어서 옥스퍼드대학에 가는 것을 포기하고 군인이 되기 위해 사관학교에 응시했으나 두 번이나 낙방했다. 세 번째 시험에서 겨우 합격했다.

근대조각의 위대한 시조로 칭송받으며 불후의 명작 '생각하는 사람', '칼레의 시민들'을 남긴 오귀스트 로댕(Auguste Rodin, 1840~1917)은 18세기 이래 오랫동안 건축의 장식품에 지나지 않았던 조각에 생명의 숨결과 감정을 불어넣어 예술의 자율성을 부여한 위대한 업적을 남겼다. 로댕은 1840년 11월 12일 하급관리의 아들로 파리에서 출생했다. 로댕은 어릴 때부터 그림 그리기를 좋아했으나 집이 가난하여 미술학교에 다닐 수가 없었다. 14세 때 국립

공예실기학교에 입학하여 조각가로서 기초를 닦았다. 로댕은 1857년부터 국립미술전문학교에 3년간 계속 응시했으나 낙방했다.

20세 때 아버지가 퇴직하자 아버지에게서 독립, 먹고살기 위해 생활 전선에 뛰어들었다. 낮에는 일하고 야간에 제작에 몰두해, 천신만고 끝에 그토록 위대한 업적을 남기게 된 것이다.

20년간 세계 최정상을 지킨 브라질 출신 슈퍼모델 지젤 번천(Gisele Bundchen, 1980~ , 2015 은퇴)은 샤넬, 루이뷔통, 발렌시아 등 명품 브랜드의 모델을 모두 석권한 이 시대 최고의 모델이다. 미국 경제전문지 「포브스」는 세계에서 가장 돈 많이 버는 모델로 8년 연속 그녀를 꼽았다. 이토록 유명한 슈퍼모델도 모델로 데뷔하기 위해 오디션에 무려 42번이나 떨어졌다고 한다.

미국 28대 대통령 윌슨(Thomas Woodrow Wilson, 1856~1924)은 난독증이 심해 열 살이 되도록 책을 읽지 못했다. 목사인 아버지가 집에서 가르친 덕에 열두 살 때 가까스로 글을 읽게 되었다. 원래 부지런하고 강인했던 윌슨은 속기까지 배워가며 늦공부에 열을 올린 끝에 프린스턴대학에 진학했고 프린스턴대학 교수와 총장까지 지냈다.

아인슈타인(Albert Einstein, 1879~1955)은 일곱 살 때까지 말수가 없어 집안 하녀가 '바보'라고 불렀을 정도로 어수룩한 아이였다. 그러나 독서를 좋아하고 남들의 권위에 휘둘리지 않은 '배짱'이 있었다. 비록 청소년 시절을 저능아로 일관했지만, 세기적인 물리학자로 명성을 떨치게 된 것이다.

말년을 보낸 미국에서의 그의 영어 실력은 아는 단어가 겨우 200여 개에 불과했으며 위자료가 없어 이혼하지 못하다가 노벨상을 타게 되자 그 상금을 주고서야 이혼할 수 있었다. 그리고 아인슈타인은 어찌나 코를 크게 골았던지 부인이 한방에서 잠자기를 싫어해 각방을 썼던 평범한 일생이었다.

대저 의인은 일곱 번 넘어질지라도 다시 일어나려니와 악인은 재앙으로 말미암아 엎드러지느니라(잠언 24 : 16).

성경의 권위

야나이하라 다다오(矢內原 忠雄, 1893~1961)는 일본 근대 기독교 사상가이며 경제학자이다. 1937년 동경제국대학 경제학부 교수로 근무하면서 전쟁을 반대하고 조선총독부의 식민지정책을 신랄하게 비판하는 논문을 발표했다. 당시 우파 교수들의 압력으로 교수직에서 물러났다. 1940년 8월 한국으로 전도여행을 와서 신사참배 때문에 고통당하던 한국 기독교도들을 격려했고 서울에서 5일간 '로마서 강의'를 하기도 하였다.

2차 대전 후 일본이 패전한 뒤 그는 동경대학 총장(1951~1957)으로 부임했다. 새로 부임한 다다오 총장은 많은 학생과 교수 앞에서 취임 연설을 하면서 "하나님께서 우주 만물을 창조하셨습니다. 오늘도 하나님은 살아 계셔서 인류의 역사를 주관하고 계십니다"라고 증언했다. 많은 사람들이 불쾌감을 가졌다. 유명한 고고학 교수인 운천 교수가 다다오 총장을 찾아가 "총장이 어떻게 자기가 믿는 종교를 공식 석상에서 말할 수 있습니까?"라고 따졌다. 다다오 총장은 운천 교수에게 "성경을 한 번이라도 읽어 보았습니까?", "안 읽어 보았습니다", "성경 말씀을 한 번 읽어 보고 그다음에 이야기합시다"라고 대답하고 돌려보냈다.

운천 교수는 총장을 공격하기 위해 성경을 읽어 보기로 하였다. 그는 성경을 읽다가 큰 감동을 받고 예수를 믿게 되었으며, 교수직을 사임하고 미국으로 건너가 신학 공부를 하고 돌아와 목사가 되었다.

소설 『벤허』의 저자 루 월리스(Lewis Wallace, 1827~1905)는 변호사로 활동하다가 남북전쟁이 발발하자 바로 북군에 출전했다. 그는 남북전쟁에서 공훈을 세워 소장(two star)이 되었고 종전이 되자 퇴역했다. 그는 무신론자로서 일생일대의 과업으로 그리스도를 부정하는 글을 쓰려고 마음먹고, 군대 생활을 하면서도 꾸준히 자료를 수집했다. 퇴역 후에는 더 본격적으로 자료를 수집하는 데 몰두했다. 수집한 방대한 자료를 갖고 집필을 시작하려다가 그래도 내가 먼저 성경을 한 번 읽어보고 쓰는 것이 바람직하겠다는 생각이 들어서 성경을 정독하기 시작했다. 월리스는 성경을 읽던 중 그리스도를 믿게 되었고, 돈독한 크리스천이 되고 말았다. 그리하여 지금까지 그리스도를 부정하기 위해 수집한 그 많은 자료를 갖고 그리스도를 증언하는 글을 쓰게 되었다. 1880년 출판한 책이 바로 그 유명한 『벤허(Ben Hur)』이다. 부제(副題)가 '그리스도의 이야기(A Tale of the Christ)'이다. 19세기에 나온 가장 영향력 있는 크리스천 서적으로 평가받는다.

하나님의 말씀은 살아 있고 활력이 있어 좌우에 날선 어떤 검보다도 예리하여 혼과 영과 및 관절과 골수를 찔러 쪼개기까지 하며 또 마음의 생각과 뜻을 판단하나니 (히브리서 4 : 12).

장애아의 부모

샤를 드골(Charles De Gaulle, 1890~1970) 전 프랑스 대통령은 평생 '프랑스의 영광'을 외치며 투쟁해 온 프랑스가 낳은 위대한 군인이요 정치가였다. 두 차례의 세계대전으로 절망에 빠져 있던 프랑스를 선진국으로 이끈 영웅이었지만 정신지체를 앓고 있는 딸 안느 때문에 일생 동안 괴로워했다. 그는 "내 삶의 축은 프랑스와 안느이다"라고 말할 만큼 안느를 사랑했다. 서거할 때도 국장을 마다하고 딸 무덤 옆에 묻혔다.

언제나 초점 없이 엉뚱한 곳을 보고 있는 눈과 비뚤어진 입술을 가진 딸이었지만, 마을 사람들은 그의 고향 콜롱베 집에서 해 질 무렵이면 늘 입던 군복을 벗고 딸과 함께 다정하게 팔짱을 끼고 넓은 뜰을 거니는 대통령을 볼 수 있었다. 그는 얼굴에 환한 웃음을 머금은 채 딸 안느에게 그

날 있었던 일을 이야기해 주곤 했다. 하지만 1948년, 드골의 정성에도 불구하고 안느는 스무 살 젊은 나이로 아버지 곁을 영원히 떠나고 말았다.

드골은 안느가 죽은 다음 파리에 안느처럼 정신지체를 앓고 있는 아이들이 작은 행복을 누릴 수 있도록 '안느 드골' 요양소를 세웠다. 틈나는 대로 그곳을 자주 찾던 그는 남은 생애 대부분을 장애 아이들과 보냈다.

중국의 농민생활을 그려 미국인들에게 처음으로 중국문화를 깊이 소개한 역작 『대지』로 퓰리처상과 노벨문학상을 받은 펄 벅(Pearl Buck, 1892~1973) 여사는 불멸의 작가로서, 위대한 휴머니스트로서, 동양과 서양 문명을 연결하는 인간가교(人間架橋)를 이룩한 세기적인 인물이다.

펄 벅 여사는 1892년 6월 26일 웨스트버지니아 주에서 출생했으나 선교활동을 하던 양친과 함께 바로 중국으로 건너가 살았다. 1914년 버지니아의 랜들프 매콘 여자대학을 우등으로 졸업하고 곧 중국으로 돌아가, 1917년 농업문제를 지도해주는 선교사로 중국에 와 있던 존 로싱 벅(John Lossing Buck) 박사와 결혼했다. 슬하에 유일한 딸이 정신지체아였다. 그는 '노벨상' 수상이란 최고의 영예 속에서도 정신지체아의 어머니로서의 아픔을 안고 살아가야 했다. 펄 벅 여사는 자기 딸을 주제로 1950년에 『자라지 않는 아이(The Child who never grew)』를 발표하면서부터 더욱 불우 어린이에게 관심을 갖기 시작했고, 작품 활동으로 모은 돈으로 1964년 펄 벅 재단을 창설했다. 이 재단은 한국을 비롯한 아시아 5개국에 창설되어 미군들이 버리고 간 아시아의 불우한 2천여 혼혈고아들을 돌보았다. 펄 벅 여사는 당시로서는 한국을 소재로 소설을 쓴 유일한 외국작가로 1960년 한국을 처음 방문한 이후 9년 동안 여덟 차례나 한국 땅을 밟으면서 '한미 혼혈아'들을 양자로 삼는 자선사업을 위해 동분서주했다. 9명의 고아를 자신이 직접 키웠으며 그중 4명이 한국 소녀였다.

하나님도 장애인과 고아를 특별히 사랑하신다. 그래서 "하나님은 고아의 아버지시며"(시편 68 : 5)라고 하셨다.

원수를 죽이지 마옵소서

다윗은 시편 59편 11절에서 "그들을 죽이지 마옵소서 나의 백성이 잊을까 하나이다. 우리 방패 되신 주여 주의 능력으로 저희를 흩으시고 낮추소서"라고 고백했다. 원수를 죽여서 후환이 없게 되면 그 이상 좋을 수가 없을 텐데, 다윗은 죽이지 말라고 했다. 그 이유를 "나의 백성이 잊을까 하나이다"라고 하였다. 적이 없으면 자연히 방심하게 되고 안일에 빠져 퇴보하기 마련이기 때문이다. 다윗의 기도가 얼마나 깊은 기도인가! 그는 다만 "적을 흩으시고 낮추소서"라고 간구했다. 적을 낮추고 흩으면 어떻게 되는가? 싸우면 싸울 때마다 승리하게 되는 것이다. 승리 없이 기쁨은 없다.

예수님이 우리에게 가르쳐 주신 주기도문 가운데도 "우리를 시험에 들게 하지 마옵시고"라는 대목이 나온다. 시험이 얼마나 무서운가! 믿음의 조상 아브라함도, 예수님의 수제자 베드로도 다 시험에 빠져 크게 실패했는데, 이 무서운 시험을 없게 해 달라고 기도하라 하시지 않고 왜 다만 시험에 들게 하지 말라고 하셨을까? 시험이 없을 수가 없다는 것이다. 시험은 필요한 것이다. 시험에 들지 않을 때 우리는 진정한 참된 승리를 얻게 되는 것이다.

맥아더(Douglas MacArthur, 1880~1964) 장군이 쓴 「아들을 위한 기도문」에도 보면 "원하옵나니 그를 평탄하고 안이한 길로 인도하지 마옵시고 고난과 도전에 직면하여 분투 항거할 줄 알도록 인도하여 주옵소서. 그리하여 폭풍우 속에서 용감히 싸울 줄 알고 패자를 관용할 줄 알도록 가르쳐 주옵소서"라는 대목이 나온다. 어느 부모가 자식이 고난 겪는 것을 원하고 폭풍우 속에서 악전고투 하는 것을 바라겠는가? 온실 속의 식물은 나약하다. 태풍을 만나고 비바람을 맞아야 튼튼해진다. 맥아더 장군의 아들을 위한 기도는 참으로 위대한 기도라 할 수 있다.

자연의 세계에서도 마찬가지다. 미국 엘로스톤 국립공원에 엘크가 멸종 된다고 천적인 늑대를 없애 버렸다. 천적이 없는 엘크는 급속도로 증가했다. 엘크가 많아지자 여러 가지 문제점이 생겨났다. 엘크가 뜯어 먹어 초원이 황폐해지자 먹이 사슬이 파괴되어 모든 동물들이 공존할 수 없게 되었다. 공원 당국은 1995년 다시 회색늑대를 풀어 놓았다. 늑대가 잡아먹고 난 엘크는 곰부터 까치까지 청소 동물의 겨울 먹이가 되었다. 엘크가 뜯어 먹어 황폐해진 수풀은 다시 살아났다. 먹이 사슬도 다시 튼튼해졌다.

깊도다 하나님의 지혜와 지식의 풍성함이여. 그의 판단은 헤아리지 못할 것이며 그의 길은 찾지 못할 것이로다
(로마서 11 : 33).

기드온의 도량(度量)

사사 기드온이 300명의 군사를 이끌고 헤아릴 수 없이 많은 미디안 대군을 격파한 전투는 사사기에 나오는 수많은 전쟁 중에 단연 압권이다. 어떻게 300명밖에 안 되는 군사가 그토록 많은 적의 무리를 물리칠 수 있었을까? 그것도 첨단 무기로 무장한 정예부대를 이끌고 나간 것이 아니라 전쟁과 직접관계가 없는 횃불과 항아리 그리고 나팔을 가지고 나갔다. 전적으로 하나님만 믿고 나갔던 믿음의 용사였다. 사실 기드온은 사사가 되기 전에 밀을 타작하는데 적이 쳐들어올까봐 포도주를 짜내는 그 좁은 틀에 들어가 탈곡을 했을 정도로 겁 많은 사람이었다. 그런 나약했던 사람을 믿음이 그토록 용감하게 변모시켰다. 기드온이 믿음만 굳센 용사가 아니라 지도자로서도 얼마나 넓은 도량을 가졌는가를 알면 놀라움을 금할 수 없다.

하나님의 기적적인 방법으로 적들끼리 서로 쳐 죽이고 소수의 무리만이 도망칠 때 그들을 추격하면서, 기드온은 사자를 에브라임 지파에 보내어 미디안 군이 도망쳐가니 그들을 추격해 진멸하라고 연락했다. 에브라임 지파는 달려가서 미디안의 두 방백을 생포하고 전쟁의 대미를 장식했다. 이때 에브라임 진영은 기드온에게 "우리를 부르지 아니하였으니 우리를 이같이 대접함은 어찌 됨이냐"(사사기 8 : 1)라고 노발대발했다. 에브라임 지파는 이스라엘 12지파 가운데 유다 지파 다음가는 큰 지파이다. 이렇게 항변하는 에브라임 지파에게 기드온은 "내가 이제 행한 일이 너희가 한 것에 비교되겠느냐 에브라임의 끝물 포도가 아비에셀의 맏물 포도보다 낫지 아니하냐 하나님이 미디안의 방백 오렙과 스엡을 너희 손에 넘겨 주셨으니 내가 한 일이 어찌 능히 너희가 한 것에 비교되겠느냐"(사사기 8 : 2~3)라며 모든 공로를 그들에게 넘겨 줄 때 에브라임 지파는 노기를 풀었다고 했다. 기드온이 12지파의 평화를 위해 베푼 넓은 도량에 깊은 감동을 받는다.

임진왜란 때 원군으로 우리나라에 왔던 명나라 장수들의 오만과 횡포가 심했다. 충무공 이순신과 함께 합동작전을 하게 된 진(陳) 제독은 성격이 오만불손한 자로서 사사

건건 충무공을 괴롭혔는데, 한 해전에서 적장의 목 하나 베지 못한 그에게 충무공이 우리 수군이 벤 적군의 목 여러 개를 넘겨주자 비로소 그는 충무공의 넓은 도량과 높은 인격에 감동하여 그 후부터 충무공을 '노야(老爺)'라고 부르며 아들로서 따랐다는 것이다. '노야'란 손윗사람에 대한 중국 사람들의 존칭이다.

특별히 지도자에게는 기드온과 충무공처럼 높은 인격과 넓은 도량이 무엇보다도 중요하다.

이것까지 참으라

예수님이 공생애 마지막에 감람산에서 땀이 핏방울이 되도록 간절하게 기도하고 있을 때, 배신한 제자 가룻 유다가 예수님을 넘겨주기 위해 로마 군병과 대제사장의 하속들을 데리고 현장에 도착했다. 베드로가 격분하여 검을 빼 대제사장의 종 말고의 오른편 귀를 잘라 떨어뜨렸다. 이때 예수님은 베드로를 향해 "이것까지 참으라"(누가복음 22 : 51) 말씀하시고 땅에 떨어진 말고의 귀를 다시 붙여 주셨다. "이것까지 참으라" 참으로 의미심장한 말씀이 아닐 수 없다. 이때 만약 베드로가 스승을 보호하기 위하여 계속 투쟁했다면 예수님도 보호하지 못하고 자신도 희생되고 말았을 것이다. 중무장한 로마 군사를 어떻게 제압할 수가 있었겠는가? 예수님은 무모한 베드로의 행동을 "이것까지 참으라"라며 제지하셨다. 베드로의 의분과 스승에 대한 충성심은 가상했지만, 훗날 할 일이 많은 베드로는 이것까지 참아야만 했던 것이다.

인생행로에는 억울한 일도 많고 참을 수 없는 의분을 느낄 때도 얼마든지 있을 수 있다. 그러나 참아야 할 때는 참을 수 있어야 한다. 더욱이 큰 꿈을 가진 사람에게는 더욱 그러하다.

넓은 중국을 통일하여 초왕에 등극한 한신(韓信)은 젊은 시절 가세가 기울어져 세상을 떠난 어머니의 시신도 제대로 수습하지 못했다. 과부댁에 얹혀서 겨우 살아가는데 한 번은 그 동네에 사는 10여 명의 불량배들에게 붙잡혀서 우리와 한 판 싸우든지 우리 가랑이 밑으로 지나가든지 하라고 협박을 받았다. 이윽고 불량배들은 다리를 벌려 섰고 한신은 오줌이 질질 흐르는 그들의 다리 밑을 기어 지나갔다. 한신은 먼 훗날 왕위에 오른 뒤 불량배의 가랑이 밑으로 지나갔다는 이야기를 거리낌 없이 하였다.

우리나라에도 잘 알려진 미국 영화「모정」의 주제곡을 부른 세계적인 흑인 가수 낫 킹 콜(Not King Cole)의 젊은 시절 이야기다. 1937년 그가 18세 되던 어느 오후, 아버지와 함께 백인들이 사는 거리를 걷고 있었다. 젊은 백인이 길을 물어 그의 아버지가 입을 여는 순간, 느닷없이 얻어맞아 땅에 쓰러졌다. '미스터'라는 존칭을 안 썼기 때문이었다. 당시 미국 남부의 흑인 박해는 그렇게 가혹했다. 코피를 흘리며 콜의 아버지는 정중히 사과했다. "아이 엠 소리, 미스터!" 눈이 뒤집힌 낫 킹 콜은 불끈 주먹을 쥐고 백인에게 대들려 했다. 그러나 아버지는 "참아, 낫! 아직은 안 돼, 아직은 안 된다." 집에 돌아온 그는 교회 한구석에서 소리 내어 울었다. 이튿날 그는 편지를 남기고 집을 떠났다. 백인과 대등하기 위해서는 백인 이상 되지 않으면 안 된다는 비장한 결의로 노력한 결과 백인을 압도하고 세계적인 가수가 된 것이다.

의원 누가

나는 신약성경에 나오는 수많은 위인 가운데 누가를 가장 흠모한다. 그의 고매한 인격에 매료되기 때문이다. 우리가 잘 아는 대로 누가는 누가복음과 사도행전을 기록했다. 이 두 책의 길이를 합하면 신약성경 전체의 4분의 1이 된다. 신약성경의 4분의 1을 기록한 저자이지만 두 책 어디에도 그의 이름이 없다. 숨은 봉사자다. 그리고 바울 사도가 순교 직전 모든 제자는 뿔뿔이 사방으로 다 흩어졌지만, 오직 누가 만은 끝까지 바울의 신변을 지켰다(디모데후서 4 : 11). 불변의 지조자다. 그뿐만 아니라 '사랑받는 의원'(골로새서 4 : 14)이란 아름다운 별명을 받은 사랑의 사도이기도 하다.

우리나라 의사 가운데도 누가처럼 존경받은 의원이 없지 않다. 성산 장기려(聖山 張起呂, 1911~1995) 박사는 많은 일화를 남겼다. 걸인이 구걸하자 현찰이 없어 수표를 주었고, 병원비가 없는 환자들에게 도망치라고 뒷문을 열어주었다. 못 먹어 병이 난 환자에게 닭 두 마리 값을 내주라고 처방을 한 이야기는 너무나도 유명하다.

1911년 8월 평안북도 용천군 기독교 가정에서 태어난 장기려 박사는 17세 때 1년 학비가 100원이었던 세브란스의전을 돈 때문에 포기하고, 학비가 35원인 경성의전을 지원하면서 하나님께 이 학교에 들어가게만 해 주신다면 의사에게 치료받지 못하고 죽어가는 사람들을 위해 평생을 바치겠다고 다짐했다. 이것이 '선한 의사'로서의 생애를 결단했던 첫 출발이었다.

해방 후 1947년 1월부터 김일성대학 의과대학 외과학 교수 겸 외과 과장으로 일하다가 1950년 6·25전쟁이 발발하자 중공군에게 쫓겨, 아내와 5남매를 북녘에 남겨두고 차남 가용(家鏞)만을 데리고 부산으로 내려왔다. 1951년 6월 부산 영도 남항동에 위치한 제3영도교회 창고에서 무료진료를 시작했는데 이것이 복음병원(현 고신의료원)의 시작이다.

1976년 6월까지 25년간 재직했고 1976년부터는 청십자의료원을 설립하여 환자 진료를 계속했다. 정년퇴임을 했지만 마땅히 소유한 집이 없어 고신대학교 복음병원 옥탑방에서 홀로 지내다가 1995년 12월 25일 새벽, 아들에게 묘비에 "주님을 섬기다 간 사람"이라고만 쓰라고 유언한 뒤 별세했다.

1885년 6월 조선 땅을 처음 밟은 선교사 헤론(John W. Heron, 1856~ 1890)은 미국 테네시 의과대학이 생긴 이래 최우수 성적으로 졸업했는데 교수로 남아달라는 요청을 뒤로하고 조선의 선교사로 들어왔다. 제중원 원장으로 밤낮없이 헌신했다. 조선에 온 지 5년 뒤인 1890년 여름, 각종 전염병이 창궐하여 수많은 사람들이 생명을 잃고 있을 때, 다른 선교사들은 남한산성의 휴양지에서 쉬고 있었지만, 그는 폭염 속에서도 환자를 돌보다가 과로에 지쳐 자신도 이질에 걸려 3주간 앓다가 7월 16일 낯선 이국땅에서 젊은 아내와 두 딸을 남겨 놓고 순직했다. 시신을 묻을 곳이 마땅치 않아 우여곡절 끝에 양화진에 최초의 개신교 선교사로 묻혔다. 그의 묘비에는 이렇게 쓰여 있다.

"하나님의 아들이 나를 사랑하시고, 나를 위하여 자신을 주셨다."

성장하는 마가

마가는 바울과 바나바의 1차 전도 여행에 동참했다가 중도에 돌아간 사람이다(사도행전 13 : 13). 또한 바울과 바나바의 2차 전도 여행 때 격렬한 다툼 끝에 두 사람을 헤어지게 만든 문제의 인물이기도 하다. 이런 부족한 마가를 바울은 순교 직전 기록한 디모데후서에 보면 "네가 올 때에 마가를 데리고 오라 저가 나의 일에 유익하니라"(4 : 11)라고 했다. 그동안 마가가 얼마나 성장했는가를 잘 말해주고 있다. 위대한 인물 가운데 어릴 때부터 뛰어난 인물이 있는가 하면 초년에는 부족했지만 나중에 크게 성장한 인물도 적지 않다.

우리나라 독립운동가 가운데 가장 존경받는 백범 김구(白凡 金九, 1876~1949) 선생은 젊은 시절 너무나 초라한 촌부에 불과했다. 젊은 시절 해주 감영에 나아가 과거에 응시했지만 낙방했다. 한창 일할 나이에 괴로워하는 모습을 본 아버지는 아들에게 풍수나 관상을 공부해 보도록 권했다. 명당을 찾아 조상을 잘 모시면 조상 덕을 볼 수도 있다는 생각 때문이었다.

백범은 『마의상서(麻衣相書)』를 빌려다 석 달 동안 꼼짝도 안하고 관상 공부를 했다. 백범은 책을 따라 자신의 관상을 살펴보았으나 도무지 부귀를 누릴 것 같지 않았다. 오히려 얼굴에 대한 열등감만 가지게 되었다. 그러다가 책에 나오는 "상호부여신호(相好不如身好, 얼굴의 잘생김이 몸이 튼튼한 것만 같지 못 하고), 신호불여심호(身好不如心好, 몸이 튼튼한 것은 마음이 훌륭한 것만 같지 못 하다)"를 보고 크게 깨닫고 관상 공부를 집어치우고 '마음가짐을 훌륭하게 해야겠다'라고 결심하고 일생 그 소신을 버리지 않았다고 한다.

인도의 국부 간디(Mahatma Gandhi, 1869~1948)는 1887년 인도의 사말다스 대학에 들어갔지만, 수업내용이 어려워 첫 학기만 다니고 학교를 그만두었다. 영국에 가서 변호사 자격을 따면 대학 졸업보다 희망이 있다는 소식을 듣고 영국으로 건너가 런던 법학원을 다니면서 3년 만에 변호사 자격을 땄다. 뭄바이로 돌아와 법률사무소를 연 간디에게 간단한 첫 사건이 들어왔다. 하지만 간디는 법원에 나가 변호하다가 곤욕을 당하고 받은 돈 30루피도 돌려주었다. 두 번째 일은 진정서를 써주는 일이었고, 이후 사건이 없어 사무실 유지가 어렵게 되자 6개월 만에 문을 닫고 고향으로 돌아왔다. 그는 이따금 진정서나 써주다가 남아프리카공화국에서는 변호사 대우가 좋다는 이야기를 듣고 아프리카로 가기로 한다. 그는 변호사 신분이므로 일등석 기차표를 받았다. 그러나 유색인종은 짐칸으로 가라는 역무원에 항의하다가 기차에서 내동댕이쳐졌다. 막상 아프리카에 가니 멸시와 차별이 너무나 심했다. 내 권리를 위해 싸울 것인가? 이대로 인도로 돌아갈 것인가? 간디는 고민했다.

심사숙고 끝에 간디는 현실을 정직하게 받아들이기로 결심한다. 자신만을 위하던 간디는 변하기 시작했다. 고용주에게 폭행당한 인도인 노동자를 위해 대신 싸웠다. 감옥에도 여러 번 잡혀갔다. 이후 그의 투쟁은 평생 동안 지속되었다.

생명의 존엄(尊嚴)

한 여인이 코펜하겐의 '에릭'이라는 소방관에게 "도와 달라"는 호소를 한 뒤 전화 수화기를 떨어뜨렸다. "여보세요! 여보세요!" 해도 응답이 없었다. 다급해진 에릭은 즉시 소방서장에게 이 사실을 알리고 모든 소방차를 풀어서 이 여인을 구할 것을 건의했다. 서장은 이 밤중에 한 여인을 구조하기 위해 모든 시민을 놀라게 할 수는 없다고 거절하며 설령 모든 차를 동원한다고 한들 어떻게 그 여인을 찾을 수 있겠느냐고 반문했다. 하지만 에릭은 포기할 수가 없었다. 한 생명을 구하는 일이라면 모든 시민들이 기꺼이 협조할 것이라고 간청했다. 에릭의 열정에 감동한 서장은 즉시 모든 소방차를 도시 전체에 출동시켰다. 그러자 에릭의 예견대로 여인의 방에 떨어진 수화기를 통해 소방차의 사이렌이 들려왔다. 에릭은 소방서장에게 소방차 한 대씩

차례로 사이렌을 끄면 그 위치를 찾을 수 있다고 하였다. 소방서장은 즉시 1호 차부터 차례로 사이렌을 끄도록 명령했다. 12호 차의 사이렌을 끄자 여인의 집 수화기에서 사이렌 소리가 들리지 않았다. 소방서장은 12호 차에 명령하여 주민들에게 죽어가는 여인의 집을 찾는 중이니 모든 불을 잠시만 꺼 달라고 당부를 했다. 사이렌 소리에 놀란 그 지역 주민들은 사연을 알게 되자 일제히 불을 껐다. 그중 불을 끄지 않은 한 집이 있었다. 달려가 보니 여인은 아직도 맥박이 뛰고 있었다.

유한양행의 창업주 유일한(柳一韓, 1895~1971) 박사는 소유와 경영의 분리, 기업이윤의 사회적 환원이라는 선구적인 역할뿐만 아니라 약품을 공급하는 일에도 온갖 정성을 다 쏟았다.

한번은 기차가 서지 않는 간이역 마을에서 약품 주문이 들어왔다. 그 당시에는 주로 열차로 약품을 운반했는데, 주문량도 적었기 때문에 배달할 수 없다고 거절해도 되는 일이었다. 하지만 그는 잘 깨지지 않은 특수 용기를 만들어 열차가 간이역을 지나갈 때 던져 주는 방법으로 약품을 전달했다.

또 한번은 파상풍 혈청 주문이 전보로 들어왔다. 그런데 주문한 병원에서 병원 이름을 빠뜨려 어디로 보내야 할지 알 수가 없었다. 파상풍은 조기에 혈청 주사를 맞지 못하면 목숨을 앗아가는 무서운 병이었다. 그걸 아는 이상 꼭 그 병원을 찾아야만 했다. 마침내 전보를 발신한 우체국 가까이에 병원이 세 개가 있다는 것을 알아내고 그 세 병원에 모두 약을 보냈다. 예상대로 그 가운데 한 병원이 전보를 보냈고, 그렇게 해서 환자의 생명을 구할 수 있었다.

> 사람이 만일 온 천하를 얻고도 제 목숨을 잃으면 무엇이 유익하리요 사람이 무엇을 주고 제 목숨과 바꾸겠느냐
> (마태복음 16 : 26).

천하보다 귀한 것이 바로 인간의 생명이다. 생명을 위한 것이라면 어떤 것이라도 희생할 수 있어야 한다.

놀라움을 통해서 배운다

이탈리아의 정치가요 철학자인 마치니(Giuseppe Mazzini, 1805~1872)는 놀라는 것이 없으면 배우는 것이 없다고 말했다. 인간은 어떤 사물에 대해 놀랄 때, 그 놀라움을 통하여 그 사물에 대한 지식을 터득하게 되고, 진리의 세계로 들어갈 수 있게 된다는 것이다.

바울과 실라는 빌립보 성에 들어가 복음을 전하다가 옥에 갇힌다. 한 밤중에 큰 지진이 일어나고 옥문이 활짝 열렸다. 잠시 뒤에 간수가 뛰어나와 옥문이 열린 것을 보고 죄수들이 도망간 줄 알고 칼을 빼 자결하려고 했다. 바울이 "우리가 다 여기 있노라"라고 고함을 쳤다. 간수는 크게 놀란다. 과연 저 사람들이 사람인가? 신인가? 그 앞에 꺼꾸러지지 않을 수 없었다.

"내가 어떻게 하여야 구원을 받으리이까?"

"주 예수를 믿으라 그리하면 너와 네 집이 구원을 받으리라."

간수는 바울과 실라를 정중하게 모시고 나가 온 가족이 다 세례를 받고 예수를 믿게 되었다(사도행전 16 : 19~40).

중국의 대학자인 주자(朱子)가 어느 어두운 밤 산길을 걷는데 갑자기 앞에 호랑이처럼 보이는 검은 물체가 나타났다. 그는 즉시 활을 빼 힘껏 쏘았다. 짐승이 활을 맞고 쓰러지는 것이 보였다. 다음날 날이 밝자 주자는 어젯밤 자신의 활에 맞아 죽은 호랑이가 얼마나 큰 놈인가를 보기 위해서 그 장소를 찾아갔다. 그러나 그곳에는 호랑이 대신에 호랑이 모습과 비슷한 검은 바위가 하나 놓여있었다. 그 바위의 등허리에는 어젯밤 주자가 쏘았던 화살이 박혀 있었다. 그 바위가 호랑이인 줄로 착각하여 혼신의 힘을 다해 쏘았기에 바위에 꽂힐 수가 있었다. 이 엄청난 사실에 놀란 주자는 한 가지 진리를 터득하게 된다. "精神一到何事不成"(정신일도하사불성, 무언가에 몰두하면 어떤 일인들 이루어지지 않겠는가.)

프랑스의 유명한 철학자요 물리학자인 데카르트(R. Descartes, 1596~1650)는 매일 같은 시간에 같은 길을 산책했는데, 어느 날 산책하는 길가에 뱀 한 마리가 도사리고 쳐다보고 있었다. 이것을 본 데카르트는 뱀을 비켜서 다른 길로 산책했다. 이튿날도 그 장소에 그 뱀을 보고 비켜 갔다. 사흘째 날도 또 보니 뱀이 그 자리에 그대로 있었다. 그는 오늘은 담판을 내야겠다고 결단하고 지팡이를 들고 서 있는 힘을 다해 힘껏 내려쳤다. 움직이지 않아서 이상히 여기고 자세히 내려다보니 뱀이 아니고 둘둘 말려있는 새끼줄이었다. 이를 보고 그는 크게 깨달았다. 내 눈이 나를 속였다? 내 눈이 나를 속였으니 이젠 무엇을 믿을 것인가? 내가 나를 속였다. 내가 나에게 속았다. 이리하여 데카르트는 회의주의(懷疑主義)* 철학의 학문적 기초를 닦았다.

* 회의주의 : 뭐든지 일단은 의심하고 다시 정립하라. 데카르트 철학의 시작이다. 중세는 '일단 믿고 그 다음 생각하라'였다. 권위주의적 사고를 폐기시키고 진정한 지식 습득을 위한 방법으로 의문을 제시한다.

목자들의 경배(敬拜)

　예수님이 유대 땅 베들레헴 구유에서 태어나실 때 가장 먼저 경배한 사람들은 들판에서 밤을 새우면서 양을 지키던 목동들이었다. 양 냄새가 물씬 풍기는 누추한 옷을 입은 더벅머리 소년들이 천사의 고지를 받고 달려가서 아기 예수의 탄생을 축하했다 (누가복음 2 : 8~20).

　유대 나라를 점령한 로마 황제 가이사 아우구스도는 자기 조상의 고향으로 가서 호적을 하도록 명령했다. 다윗의 후손인 요셉은 약혼녀 마리아를 데리고 다윗의 고향인 베들레헴으로 갔다. 가난한 요셉이 만삭이 된 마리아를 데리고 터벅터벅 걸어서 당도하니 베들레헴은 이미 인산인해를 이루고 있었다. 숙소를 구하지 못한 요셉은 산기가 도는 마리아를 데리고 마구간으로 들어가서 아기 예수를 낳았다. 이때 하늘의 천군 천사들이 이 기쁜 소식을 베들레

헴에 모여 있는 그 많은 사람들에게 알리지 아니하고 목동들에게만 알렸다. 비단옷을 입은 귀인들과 부자들이 구유에 나신 예수를 축하하기는 거추장스러웠을 것이다. 얼마나 자연스러운 일이며, 얼마나 아름다운 정경인가! 예수님은 지금도 이렇게 소박한 목동들의 경배를 기뻐하신다.

성탄절 캐럴이 많지만, 그 중 대표적인 것이 바로 「고요한 밤 거룩한 밤」이다. 이 찬송의 작사 작곡의 사연은 이렇다. 1818년 크리스마스 이브, 오스트리아의 작은 마을 오베른도르프의 성 니콜라스 성당에 큰일이 생겼다. 아기 예수의 탄생을 찬미하는 데 없어서는 안 될 오르간이 고장났기 때문이다. 부근에는 수리하는 곳도 없었다. 신부 요제프 모어(Joseph Mohr)는 이 궁리, 저 궁리를 하다가 오르간 대신 기타를 쓰면 어떨까 하는 아이디어가 떠올랐다. 2년 전 자신이 지은 시를 갖고 친구이자 성가대 지휘자인 프란츠 그루버(Frantz Gruber)에게 급히 달려가 작곡을 부탁했다. 시를 보고 금세 좋은 영감이 떠오른 그루버는 3시간 만에 곡을 만들었다. 크리스마스 때가 되면 세계인이 가장 즐겨 부르고, 즐겨 듣는 캐럴이 바로 이렇게 탄생했다.

또 한 가지 성탄절에 즐겨 부르는 「루돌프 사슴코」의 이야기다. 미국의 작가 메이(Robert Lewis May)는 동화작가로 성공하려고 노력했으나 이름도 없는 잡지에나 겨우 실릴 정도였다. 또한 가난하여 아내는 병을 얻어 치료도 받지 못한 채 세상을 떠났다. 이런 역경 가운데 쓴 작품이 바로 「루돌프 사슴코」이다. 루돌프는 유난히 코가 붉어 친구 사슴들에게 조롱을 당하며 외롭게 살고 있는데 어느 날 그 마을에 썰매를 끌어줄 사슴을 뽑기 위해 산타가 찾아왔다. 동네 사슴들이 다 모여들었다. 뜻밖에도 강한 다리와 붉은 코 때문에 루돌프가 뽑혔다. 루돌프는 친구 사슴들의 부러움을 받으며 산타의 썰매를 끄는 일을 할 수 있었다. 예수님은 루돌프처럼 외롭고 소외당하는 자를 위로하시기 위해 이 땅에 오신 것이다.

동병상련(同病相憐)

　미국의 41대 대통령인 아버지 부시(George H. W. Bush, 1924~)가 여든아홉 살 때(2011) 머리를 빡빡 민 채 역시 까까머리인 두 살배기 사내아이를 안고 웃는 모습이 신문에 대서특필 되었다. 사진이 공개된 직후 트위터에는 유명 인사들이 부시 전 대통령에게 경의를 표하는 글이 잇달아 올라왔다. 빌 클린턴 전 대통령은 "멋지십니다. 당신이 하신 일을 사랑합니다"라고 적었다. NBC방송은 "우리가 한 번도 보지 못했던 부시 대통령의 모습"이라고 보도했고, "가슴이 따뜻해진다", "놀랍다", "멋지다"라는 네티즌들의 찬사도 줄을 이었다.

　부시 전 대통령은 대통령 재임 시 비밀경호원의 아들인 패트릭이 백혈병 치료를 받고 머리카락이 다 빠지자 다른 비밀경호원 28명과 더불어 연대감을 보여주기 위해 삭발

한 것이었다. 성경에는 "즐거워하는 자들로 함께 즐거워하고 우는 자들로 함께 울라"(로마서 12 : 15)라고 권면하고 있다. 다른 사람의 즐거움에 동참하는 것도 중요하지만 보다 긴요한 것은 어려움을 당한 자의 아픔에 동참하는 것이다. 그때 그 아픔은 덜어지고 큰 위로와 격려가 되는 것이다. 부시 대통령도 1953년 10월 당시 네 살이었던 딸 로빈을 백혈병으로 잃었다.

2013년, 캘리포니아 주 한 초등학교의 4학년인 열 살 소년 셀린카는 뇌종양으로 7주 동안 방사선 치료를 받고 머리카락이 모두 빠졌다. 다행히 건강이 좋아져 학교에 다시 갈 수 있게 됐지만, 친구들이 머리카락 하나 없는 자기를 어떻게 생각할까 두렵고 창피했다. 마침내 학교에 도착해 교실 문을 여는 순간, 셀린카는 깜짝 놀랐다. 같은 반 아이들 열다섯 명 모두가 빡빡머리였던 것이다. 셀린카의 등교를 앞두고 모두 삭발을 한 것이다. 한 아이는 "우리가 할 수 있는 뭔가를 도와주고 싶었다"라고 했다.

2006년, 미국 테네시 주 한 초등학교에서도 같은 일이 벌어졌다. 5학년 모스리는 항암 치료를 받느라 머리카락이 모두 빠졌다. 아이들이 모리스를 위해 치료비를 모으겠다고 나서자 빌 포스터 교장 선생님은 자신은 삭발을 하겠다고 했다. 머리카락이 없는 모스리에게 용기를 주고 치료비 모금을 북돋우기 위해서였다. 백발의 교장 선생님이 단상에 올라 머리를 밀기 시작하자 여선생님들까지 잇달아 단상으로 올라갔다. 선생님들이 머리를 미는 모습에 전교생들이 눈물을 흘리며 모스리의 건강이 나아지길 기도했다. 아이들이 꼬깃꼬깃 내놓은 돈은 모금 목표를 훌쩍 넘어 1만 5,000달러에 이르렀다.

위대한 갈렙

여호수아와 갈렙은 이스라엘 백성들이 가나안 땅을 정복하는데 결정적인 공을 세운 위대한 지도자들이다. 그러나 여호수아의 행적은 성경에 찬란하게 수놓아 있지만 갈렙은 여호수아의 그림자에 가려 그 빛을 내지 못하고 있다. 여호수아는 모세를 계승하여 이스라엘 백성을 젖과 꿀이 흐르는 가나안 땅으로 인도하여 그 옛날 아브라함, 이삭, 야곱에게 언약한 하나님의 약속을 성취했다. 그는 위대한 개선장군이요, 탁월한 통치자요, 유명한 성경기록자이다. 그러나 여호수아가 이렇게 위대한 업적을 쌓은 데는 갈렙의 공적을 결코 무시 할 수 없다. 갈렙과 같은 탁월한 야전사령관이 없었다면 여호수아가 결코 그런 위업을 이룩할 수 없었을 것이다.

이토록 위대한 갈렙은 모세가 가나안 땅을 탐지하기 위

해 이스라엘 12지파의 대표를 선출했을 때 유다 지파 대표로 뽑힌 인물이다. 유다 지파는 12지파 가운데 가장 세력이 강한 중심 지파이다. 그런데 갈렙은 아브라함의 자손이 아니다. 그나스 족속(민수기 32 : 12)이다. 어떻게 그나스 족속이 콧대 높은 유다 지파의 대표가 될 수 있었을까? 물론 이스라엘 사회는 개방사회라 어느 족속이나 할례만 받으면 동화될 수 있었지만, 대표의 자리에 오른다는 것은 차원이 다르다. 그가 유다 지파의 대표가 되기까지 얼마나 힘든 노력을 했을까는 말할 필요가 없다. 자기에게 주어진 핸디캡을 극복하기 위하여 몇 배나 더 많이 노력하여 위대한 빛을 발휘한 사람들이 많다. 그런 인물들은 한층 더 돋보인다.

2004년 조지 부시(George W. Bush, 1946~)가 미국 대통령 재선에 성공하자 콘돌리자 라이스(Condoleezza Rice, 1954~)를 국무장관으로 임명했다. 제66대 미 국무장관에 오른 라이스는 매들린 올브라이트에 이어 두 번째 여성 국무장관이고, 전임 콜린 파월에 이어 두 번째 흑인 국무장관이지만 흑인 여성으로는 첫 번째 기록이다.

콘돌리자 라이스는 1954년 앨라배마 주 버밍햄에서 출생했다. 목사 겸 교수였던 부친과 음악 교수였던 모친은

'흑인이 미국 사회에서 존경받는 길은 교육밖에 없다'는 확고한 신념으로 라이스를 길렀다. 그들은 라이스에게 "백인과 동등한 취급을 받으려면 두 배는 잘해야 하고, 백인을 능가하려면 세 배는 잘해야 한다"라고 귀에 못이 박이도록 말했다. 라이스는 부모님 교훈을 무겁게 받아들이고 전력을 다해 경주한 결과, 19세 때 덴버대학 정치학과를 수석으로 졸업하고 다방면에 두각을 드러냈다. 막중한 국무장관 직책도 성공적으로 완수했고, 오바마 대통령도 재선에 성공했을 때 그를 국무장관으로 임명하려 했다(상원의 반대로 무산). 갈렙과 라이스는 진정 위대한 인물이다.

최고의 미덕, 애국심

구약성경 최고의 지도자인 모세는 이스라엘 백성이 금송아지를 만들어 놓고 절하자 하나님이 진노하사 그들을 전부 멸하시려고 하셨을 때 "그러나 이제 그들의 죄를 사하시옵소서 그렇지 아니하시오면 원하건대 주께서 기록하신 책에서 내 이름을 지워 버려 주옵소서"(출애굽기 32 : 32)라고 처절하게 부르짖었다. 자기가 구원을 받지 못하더라도 내 민족의 죄를 사해 달라고 절규하여 마침내 하나님의 뜻을 돌이킨다.

신약을 대표하는 사도 바울도 "나의 형제 곧 골육의 친척을 위하여 내 자신이 저주를 받아 그리스도에게서 끊어질지라도 원하는 바로라"(로마서 9 : 3)고 했다. 자기는 저주를 받아 그리스도에게서 끊어질지라도 동족을 구원해 달라는 호소였다.

자기 동족을 사랑하는 모세와 바울의 충정이야말로 애국심의 극치라 말할 수 있다. 사람이 어떤 일에 종사하든 최고의 덕목은 바로 애국심이다.

BC 490년 마라톤 전투에서 그리스가 페르시아를 격파하자 그리스 병사 페이딥피데스(Pheidippides)는 26마일(42.195Km)을 쉬지 않고 달려 아테네 장터에 이 승전보를 전하고 숨진다. 이 숭고한 애국심을 기리기 위해 오늘날 인류의 축제인 올림픽의 꽃은 마지막에 열리는 마라톤이라는 것은 주지의 사실이다.

오늘날 스포츠맨들의 애국심도 너무나 숭고하고 아름다운 점이 있다. 2004년 시드니 올림픽 때 IOC 특별초청으로 동티모르 4명의 선수가 국기 대신 올림픽 깃발을 앞세우고 출전했다(정식 국가로 인정받지 못했기 때문에). 그 가운데 한 명이 여자 마라톤 아마랄 선수였다. 여자 마라톤 경주에서 54명의 참가자 중 45명이 완주했는데, 아마랄은 43위로 메인 스타디움 붉은 트랙까지 도달한 뒤 무릎을 꿇고 감사의 기도를 올렸다. 그때 경기감독관이 달려가 어깨를 두드리며 말했다. "결승점을 통과하려면 400m 트랙을 더 돌아야 해요." 화들짝 놀란 그는 정신없이 달려 3시간 10분 55초로 결승점을 통과하자 관중들은 열화와 같은 박수로 축하했다. 아마랄(당시 28세)은 네 명의 자녀를 둔 어머니였지만 조국 동티모르가 독립국이라는 것을 알리기 위해 완주했다고 했다.

1960년 로마 올림픽 마라톤 경주 출전자 69명 중 무명의 흑인 주자 한 명은 맨발로 달렸다. 2시간 15분 16초 세계 신기록, 아프리카인 최초 마라톤 우승자 에티오피아의 아베베 비킬라(Abebe Bikila, 1932~1973). 6·25 참전용사이기도 했던 에티오피아 황실 근위병 아베베도 우승은 생각도 못 했고 오직 고난과 시련을 이겨낸 조국 에티오피아를 알리기 위해 뛰었다고 했다. 모두 숭고하고 아름다운 애국심의 발로이다.

바나바의 포용력

성경에 바나바는 착한 사람이요 성령과 믿음이 충만한 자라고 하였다(사도행전 11 : 24). 바나바는 12사도의 대열에 들어가지는 못하지만, 초대교회 복음 전도에 놀라운 역사를 이룩한 위대한 인물이다. 무엇보다도 바나바는 성품이 고결한 사람이다. 그의 행적은 참으로 아름답다. 무서운 박해자 사울이 대제사장의 공문을 가지고 다메섹에 숨어 있는 그리스도인들을 잡기 위해 가다가 예수를 만나고 예수의 제자가 된다. 하루아침에 무서운 박해자가 그리스도를 증거 하는 전도자가 된 것이다. 그는 다메섹에서 예수를 증거 했으나 어느 누구도 그를 믿지 않았다. 예루살렘에 올라가 예수님의 제자들 앞에서도 증거 했으나 역시 거부당한다. 정말 기가 막힐 일이다. 이때 바나바가 나타나 궁지에 몰린 바울을 변호한다. 그가 다메섹에서 어떻게 예수님을 만났고 이방의 사도로 세움을 받았는지 증거 하여 동역자로 받아들이게 했다(사도행전 9 : 27).

어려움에 처한 형제를 살려내어 같이 일할 수 있게 세워 준 것, 그 얼마나 갸륵한 일인가!

그뿐만 아니다. 바울이 유대인의 핍박 때문에 다소로 피신해 있을 때 바울을 모셔 와서 안디옥교회 동역자로 세운다(사도행전 11 : 26). 담임목사인 바나바가 바울을 부목사로 청빙한 것이다. 정말 이 일은 어느 누구도 감당하기 어려운 일이다. 바울이 어떤 인물인가? 그는 당시 찬란한 꽃을 피웠던 헬라 철학의 중심지 다소에서 헬라 철학을 통달한 석학이요, 멀리 예루살렘에 유학하여 가말리엘 문하에서 공부한 율법에 정통한 대학자였다(사도행전 22 : 3). 거기다가 태어나면서부터 로마 시민권자였다. 이런 위대한 바울과 같이 동역하면 자신의 처지가 어떻게 되는가? 바나바는 자기를 버리고 오직 주의 일에만 전념한 숭고한 인물이다.

세상에도 보면 바나바 같은 인물이 없지 않다. 미국의 16대 대통령 에이브러햄 링컨(Abraham Lincoln, 1809~1865)은 대통령에 당선되자, 윌리엄 헨리 슈워드(William Henry Seward, 1801~1872)를 국무장관으로 임명했다. 슈워드는 1860년 공화당 대통령 후보 경선에서 링컨의 강력한 경쟁자였다. 1차 투표에서 슈워드는 압도적으로 링컨을 제압했다. 그러나 최종 투표에서 링컨에게 역전패한 인물이다. 국무장관이 된 슈워드는 남북전쟁 초기 외부의 간섭을 막는 등 링컨 대통령을 크게 도왔다.

슈워드는 17대 앤드루 존슨 대통령 때도 국무장관이 되었으며 많은 정치가들의 반대를 무릅쓰고 1867년 러시아 제국으로부터 알래스카를 단돈 720만 달러로 매입한 장본인이다. 알래스카는 이후 황금과 석유 등 엄청난 지하자원이 발견되었고, 군사와 교통의 중요성으로 금싸라기 땅이 되었다.

에벤에셀의 하나님

1852년 출판된 스토우 부인(Harriet Beecher Stowe, 1811~1896)의 『톰 아저씨의 오두막집(Uncle Tom's Cabin)』은 폭발적인 인기를 얻어 50만 부가 팔려 나가 공전의 베스트셀러가 되었다. 이 책이 나온 지 10년도 못 되어 노예해방을 쟁점으로 남북전쟁이 발발했다. 링컨 대통령은 남북전쟁이 끝난 뒤 스토우 부인을 백악관으로 초청했다. 링컨은 스토우 부인에게 "어떻게 연약하고 가냘픈 분이 그렇게 힘이 있는 위대한 작품을 쓰실 수 있었습니까?"라고 감탄하며 물으니, 스토우 부인은 "그 글은 제가 쓴 글이 아니라 노예해방을 소원하시는 하나님의 작품이었습니다. 제가 한 일은 아무것도 아니고 대통령께서 하신 일이 너무나 놀랍고 위대하지요"라고 답했다.

링컨은 스토우 부인의 칭찬에 몸 둘 바를 몰라 하면서

겸손하게 이렇게 말했다. "저 역시 단지 미천한 하나님의 도구였을 뿐입니다. 하나님께서 부족한 사람을 써주신 것에 감사할 따름이지요. 부인! 오직 모든 영광을 주님께만 올려드립시다!"

위대한 작곡가 하이든(Franz Joseph Haydn, 1732~1809)은 오랜 시간 동안 심혈을 기울여 「천지창조(The Creation)」를 완성했다. 그런데 불행하게도 연주회를 바로 앞두고 그만 병이 들어 지휘를 못하게 되었고 그저 연주회장 한쪽에서 지켜보게 되었다. 그 장엄한 선율에 너무나 감동한 청중들은 곡이 끝난 후 일제히 기립 박수를 쳤다. 이때 지휘자는 "모두 앉으십시오, 이 귀한 곡을 작곡한 분이 바로 하이든 선생님이십니다. 지금 이 자리에 앉아 계십니다"라고 말했다. 청중들은 하이든을 향해 다시 더 뜨거운 갈채를 보내며 존경을 표했다. 이때 하이든은 공손히 말했다. "아닙니다. 이것은 하나님께서 제가 이 곡을 작곡할 수 있도록 은혜를 주신 것입니다. 우리 모두 하나님께 영광을 돌립시다."

제사장 엘리의 타락으로 이스라엘은 존망의 위기에 처했다. 블레셋과의 전투에서 대패하고 법궤마저 빼앗겼다. 이 참혹한 현실 앞에 선 어린 사무엘은 백성들을 미스바에 모이게 하고 금식을 선포하며 거국적 회개운동을 벌였다.

이때 이스라엘 군중이 모였다는 소식을 들은 블레셋이 또 공격해 왔다. 이때 사무엘은 그들을 대파하고 길갈에 '여호와께서 여기까지 우리를 도우셨다'라고 하여 에벤에셀 하나님의 전승 기념비를 세웠다(사무엘상 12 : 7). 그러나 사울은 똑같이 하나님의 도우심으로 아말렉을 대파했을 때 자기의 전승 기념비를 세운다(사무엘상 15 : 12).

인간이 사무엘처럼 하나님의 은혜를 입고 그 공적을 하나님께 온전히 돌리는 것은 쉽지 않다. 하나님께 온전한 영광을 돌릴 때 그 승리는 진정한 승리가 되며 그 영광은 오래 누릴 수 있게 된다. 칼빈(John Calvin, 1509~1564)은 마지막 운명할 때 사력을 다해 두 손을 높이 쳐들고 "모든 영광은 하나님께"라고 부르짖고는 장렬하게 최후를 마쳤다고 한다.

루스벨트 대통령의 취임사

프랭클린 루스벨트(Franklin Delano Roosevelt, 1882~1945)
는 1932년 제32대 미국 대통령에 당선되었다. 1933년 루
스벨트 대통령의 취임사는 미국 역사에서 손꼽히는 명연
설 중 하나로 평가된다. 12년 만의 정권 교체에 성공한 루
스벨트는 전임 정부로부터 대공황(大恐慌)이라는 부채를
물려받았다. 당시 미국인 1,300여만 명이 직장을 잃고 거
리로 쫓겨났고 수천 개의 은행과 수만 개의 기업이 무너졌
다. 입바른 논객들이 제1차 세계대전에 이어 대공황까지
터지자 '서구 문명의 종언(終焉)'을 외쳐 댔을 정도였다.

그러나 루스벨트는 취임사에서 그 누구도 탓하지 않았
다. 대신 그는 "이 위대한 국가는 지금까지 견뎌낸 것처럼
견뎌낼 것이며 다시 생생하게 살아나 번성하게 될 것"이
라며 "우리가 두려워해야 하는 유일한 것이 있다면 그것

은 바로 두려움 그 자체"라고 국민에게 호소했다.

취임식 다음 날 미국 언론들은 일제히 '우리에겐 지도자가 있다(We have a leader)'라고 보도했다. 루스벨트는 이후 1936년, 1940년, 1944년, 내리 4선에 성공해 미국 역사상 유일한 4선 대통령이 되었다. 미국 국민도 루스벨트를 중심으로 하나가 되었고, 이 힘을 바탕으로 미국은 대공황과 제2차 세계대전을 넘어서 세계 일등 국가로 올라섰다.

하지만 그가 1921년, 39세의 늦은 나이에 소아마비에 걸려 이후 평생 휠체어를 타고 다닌 중증 장애인이었다는 사실을 아는 사람들은 많지 않다.

하나님의 사람

바울 사도는 자신의 믿음의 아들이요 후계자인 디모데를 향해 "너 하나님의 사람아"(디모데전서 6:11)라고 불렀다. '하나님의 사람'이란 하나님이 부른 사람, 하나님께 속한 사람, 하나님의 뜻을 따라 사는 사람, 그리스도인의 신분을 한 마디로 잘 표현한 낱말이다. 그리스도인의 긍지와 자부심, 그리고 그리스도인의 사명을 일깨워주는 이름이다.

구약시대에는 하나님의 위대한 종에게만 특별히 붙여진 영광스러운 존칭이었다. 모세를 '하나님의 사람'이라고 불렀고(신명기 33:1), 다윗을 '하나님의 사람'이라고 하였고(역대하 8:14) 그리고 엘리야를 그렇게 불렀다(열왕기하 1:9). 그러나 신약시대에 들어와서는 디모데뿐만 아니라 모든 성도들에게 붙여지는 영광스러운 호칭이다. "너희는 택하신 족속이요 왕 같은 제사장들이요 거룩한 나라요 그의 소유가 된 백성이니"(베드로전서 2 : 9)라고 하였다. 대단한 존재들이다. 우리는 이런 긍지와 자부심을 갖고 살아가야 한다.

미국 테네시 주의 한 작은 마을에 벤 후퍼(Ben Walter Hooper, 1870~1957)라는 아이가 태어났다. 이 아이는 태어날 때부터 체구가 몹시 작았고, 아버지가 누구인지 모르는 사생아였다. 마을 사람들은 자신들의 자녀가 벤 후퍼와 함께 노는 것을 원치 않았다. 친구들도 그를 놀리며 멸시하였다. 그는 왕따였다.

벤 후퍼가 12살 되던 해, 그 마을 교회에 훌륭한 목사님이 부임해 오셨다. 벤 후퍼는 한 번도 교회에 가 본적이 없었는데 교회에 한번 가보고 싶은 마음이 생겼다. 일찍 가면 사람들의 눈에 띌까 봐 일부러 조금 늦게 예배를 갔다. 맨 뒷자리에 앉아 있다가 축도 시간에 아무도 모르게 살짝 미리 빠져나왔다. 그러던 어느 주일, 목사님의 설교에 너무나 감명을 받은 벤 후퍼는 그만 나가야 할 때를 놓치고 말았다. 후퍼는 사람들 틈에 섞여 몰래 예배당을 나오다가 목사님과 정면으로 마주치게 되었다. 목사님은 벤 후퍼에게 "네가 누구 아들이더라?" 하고 물었다. 후퍼가 사생아라는 것을 알고 있는 마을 사람들은 모두 조용히 그 광경을 지켜보았다. 잠시 후 목사님은 환한 얼굴로 벤 후퍼에게 말했다. "그래, 네가 누구 아들인지 알겠구나. 너는 네 아버지를 똑 닮았기 때문에 금방 알 수 있어! 너는 하나님의 아들이야! 네 모습을 보면 알 수 있거든!"

세월이 흘러 벤 후퍼는 주지사가 되었다. 훗날 벤 후퍼는 다음과 같이 말했다. "그때 그 목사님을 만나서 '내가 하나님의 아들'이라는 말을 듣던 그 날이 바로 테네시 주의 주지사가 태어난 날이었습니다."

2부

학생 20년,
교사 20년,
목사 20년,
그리고 「씨앗」

별로 자랑할 것이 없는 평범한 삶이었지만, 어떠한 경우에서라도 열심히 살았다고 말하고 싶다. 이 글이 언제나 최선을 다하고자 하는 분들에게 조금이라도 격려가 된다면 그 이상의 바람이 없겠다. 나는 60대 후반이 되어 목회 일선에서 은퇴를 하고 보니 바울 사도가 노경에 "그러므로 우리가 낙심하지 아니하노니 우리의 겉사람은 낡아지나 우리의 속사람은 날로 새로워지도다"(고후 4 : 16)라는 고백에 많은 도전을 받는다. 그래서 이 책의 제목도 그 성구를 따라 '날로 새로워라'라고 정했다.

_ 2002. 12. 30 자서전 「날로 새로워라」 책머리에서

절밥을 먹으며 자랐다

나는 1935년 경북 흥해에서 3대 독자로 태어났다. 우리 어머님은 "꿈에 키 큰 스님이 장삼을 입고 설법하는 모습을 보고 아들을 가졌다"라고 하셨다. 그래서 나는 부처님의 은공으로 태어났다고 절에 바쳐진 몸이 되어 어릴 때

중2때 모습 (1950. 5. 6)

절밥을 먹고 자랐다. 주변에 교회 나가는 친구들이 많았기에 교회 나가자는 권고도 여러 차례 받았지만 부처님을 생각해서 결코 전도를 받아들이지 않았고, 불교 신자로 살았다. 그런데 내 나이 50이 된 어느 날 교회에서 목사가 긴 가운을 입고 설교하는 모습을 본 어머니는 "이 목사, 내가

꿈 해몽을 잘못했다"라고 하시며 "내가 오늘 이 목사를 보니 바로 태몽 꿈과 같더라"고 하셨다. 이 어른이 옛날 가운 입은 목사를 한 번도 본 적이 없었기에 스님인줄 알았던 것이다. 여하튼 태몽은 정확했다.

나는 어릴 적부터 몸이 퍽 쇠약했다. 초등학교 3학년 때에는 장티푸스를 앓고 재발까지 해서 의사도 회복이 어렵다고 했었고, 고등학교 졸업을 2개월 앞두고는 폐결핵으로 쓰러져 사경을 헤맸다. 나는 초등학교를 졸업하고 서울에서 교편을 잡고 있는 친척(아버지 고종4촌)의 권유로 서울로 유학 갈 뻔 했다. 삼대독자를 멀리 보낼 수 없다는 어머니의 완강한 반대로 유학의 꿈을 접어야만 했다. 그 대신 고등학교는 반드시 대도시로 보내주겠다는 약속을 받고 포항에 진학했지만 중학교 2학년 때 6·25가 발발하여 결국 고등학교도 포항고등학교로 진학할 수밖에 없었다.

나는 대학만은 꼭 서울의 명문 대학을 가겠다고 허약한 몸을 돌보지 않고 무리 하다가 대학 입시 1개월을 앞두고 쓰러지고 말았다. 폐결핵 중증이었다. 내가 만약 3대 독자가 아니었더라면 생을 단념하고 싶었다. 모든 소망을 나에게 두신 아버지, 어머니 그리고 여동생 다섯을 바라볼 때 죽어서는 안 되겠다는 생각이 들었다. 그러나 폐결핵은 무서운 질병이었다. 백약이 무효였다. 병세는 점점 악화되고 체력은 떨어졌다. 자포자기 상태로 지나다가 그래도 폐결핵으로 살아난 사람도 많으니 최선을 다해보아야 되겠다는 일념으로 투병생활을 했다. 그러던 중 먼 친척 되는 분이 시집간 자기 딸이 사는 곳(신광면 모종)에 나이 많은 권사님이 기도로 폐결핵도 고친다는 이야기를 하면서 기도를 한번 받아보라고 권했다.

물에 빠진 사람이 지푸라기라도 잡는 심정으로 곧 바로 찾아갔다. 70대 노인이 내 머리에 손을 얹고 한 5분 동안 간절하게 기도하시더니 지금 당장 병을 고치지는 못 했지만 교회 나가면 반드시 병을 고칠 수 있다고 권면했다. 그래서 나는 이튿날 집 가까이 있는 교회 새벽기도회부터 출석했다. 한 장로님이 신약성경 한 권을 주시는 것을 받아들고 돌아왔다. 계속해서 교회 출석을 하면서 성경의 뜻은 잘 몰랐지만 마태복음부터 읽다가 7장 7절 이하의 말씀에 큰 감동을 받았다. 하나님은 살아계시고 내 병을 고쳐주실 것이라는 믿음이 생겨났다. 나는 신유의 은사로 병을 고치지는 못했지만 확신을 갖고 꾸준히 노력한 결과 병세가 점점 호전 되어갔다. 발병한 지 4년 만에 완치는 되지 않았지만 어느 정도 회복이 되어 환경도 바꾸어보고 싶고 또한 대학도 진학해야겠다고 생각했다.

대학생활, 직장생활

나는 4년을 병마와 싸우다 보니 서울 명문대학은 자신이 없었고 대구 경북대학교에 지원하기로 하였다. 나는 평소 은행에 가보니 제2선에 앉은 사람들은 긴 도장을 갖고 결제만 해주는 것을 볼 때, 몸이 약한 나에게 은행원이 가장 좋은

대학 재학 시절

직업이란 생각이 들어서 법정대학 경제학과에 입학했다. 건강 때문에 학교 후문 옆에 하숙을 정하고 조심조심 수업을 받았다. 나는 공부보다 건강이 우선이었기 때문에 하숙집 가까이 있는 대구산격교회에 하루도 빠짐없이 새벽기도회에 참석하여 완쾌되기를 기도했다. 이때 함께 늘 기도회에 참석했던 청년회 회장 김의성 집사님(대구공고 교사)이 어느 날 나를 나이도 많고, 신앙심도 돈독한 줄 알고 청년회 헌신예배 설교를 부탁했다. 나는 몇 번이나 거절하다가 너무나 간곡하게 요청하기에 할 수 없이 그 해 6월에 헌신예배에 설교를 했다. 그리고 난 다음 그 해 가을에 학습을 받으러 갔더니, 이병철 목사님이 아직 학습을 받지 않았느냐고 놀라워하시며, 세례도 안 받은 사람이 어떻게 설교를 했느냐고 책망조로 물으셨다. 나는 하지 않으려고 몇 번이나 사양했지만 회장님이 간곡하게 권하여서 승낙했다고 실토를 하자 목사님은 "우리 교회가 큰 실수를 범했다"고 탄식조로 말씀하셨다. 내가 교회법을 몰라서 저지른 실수였지만 참으로 입장이 난처했다. 어렵게 대학을 졸업하자 5·16혁명 후 군 미필자(폐결핵으로 군 미필)는 자격의 제한을 두는 곳이 많아서 고향에 있는 흥해중학교에서 교사로 사회생활을 시작했다. 교사가 적성에 맞아 혼신의 힘을 쏟았다.

가르치는 과목도 전공인 사회, 국어, 영어, 수학, 국사, 세계사, 도덕 등 수많은 과목을 마다하지 않고 가르쳤다. 특별히 시골 학생들은 신문과 라디오를 접할 기회가 적어서 시사에 너무 어두운 것을 안타깝게 여기다가 내가 자진해서 현관 입구에 큰 게시판을 달고 매일 중요한 시사보도를 했다. 조간신문을 탐독하고 아침 7시 뉴스를 청취하여 기사를 만들고 다른 교사보다 30분 정도 일찍 출근하여 보도했다. 나는 마치 신문 기자처럼 항상 분주했다. 대부분의 학생들은 등교 하자마자 먼저 현관으로 모여 시사 판을 읽고 각자 교실로 들어갔다. 아침의 현관은 항상 인산인해를 이루었다. 나는 그것이 한없는 보람으로 여겨졌다.

흥해중학교 교사 시절 봄 소풍 기념

대구 성광중 · 고등학교로 전근

    나는 대학교를 졸업하고 교회 목사님의 막내딸과 결혼하여 2남 1녀를 얻었다. 큰 애가 초등학교 입학을 하게 되자, 나는 비록 시골에서 태어나 시골에서 일생을 마쳐도 되겠지만 아이들만은 도시에서 공부를 시키고 싶었다.

흥해중앙교회에서 삼남매

결혼식 기념(1963. 12 .3)

그래서 10년 가까이 근무하던 흥해중학교를 사임하고 대구 성광중·고등학교로 옮겼다. 중고교 평균화 직후라 도시 학교는 학업성적 향상에 경쟁이 치열했다. 3학년은 진학지도를 위해 밤 10시까지 보충수업을 실시하고 있었다. 분위기가 살벌했다. 도시 학교로 나온 것이 후회스럽기도 했다. 40살에 가까운 중년이 말단에서 뛰자니 힘이 많이 들었다. 학교 당국은 2개월마다 한 번씩 실시되는 시내 중학교 비교 고사에서 자기 담당 과목이 중위권에 들어가도록 독려를 했다. 우리 학교는 학군이 좋지 않아 체력도 학력도 열세하여 상위권은 꿈도 꿀 수가 없었다. 나는 성적 향상을 위해 고심 끝에 나름대로 독창적인 방법을 개발하여 지도한 결과 중위권은 말할 것도 없고 늘 상위권에 들어갔고 시내에서 1·2위도 여러 번 했다. 나는 인정을 받게 되어 전입한지 3년 만에 3학년 주임을 맡았다.

한편 당시 출석하던 동촌교회에서 장로 두 분을 세우게 되었는데 내가 유력하다는 소문이 돌았다. 나는 평교사가 장로가 된다는 것이 부담이 되어 투표 날 다른 교회에 출석했다. 하지만 결국 장로로 선임되고 말았다. 나는 담임목사님께 내가 간부라도 되면 모르지만 평교사로 장로가 되는 것은 장로 권위 문제라고 내 심정을 실토하고 시취를 거부했다. 1년이 지났는데도 나 때문에 함께 선임된 분도 장로 장립을 받지 못하자, 할 수 없이 그 해 12월에 장립을 받았다. 그런데 놀랍게도 그 이듬해 2월에 내가 파격적으로 교무과장에 올랐다. 3학년 주임이 된 그 이듬 해였다. 우리 학교는 기독교 재단이기 때문에 200명에 가까운 중고교 교사가 대부분 교회 출석을 했지만 장로는 불과 4~5명에 불과했다. 나는 장로라는 직분 때문에 더욱 열심을 쏟았다.

장로 장립 기념 (1975. 11. 23)

한편 내가 이 학교에 부임하니 얼마 전에 수학을 담당했던 김수운 선생님이 사임하고 신학교에 갔다는 이야기를 들었다. 이후 4~5년이 지나자 이번에는 고등학교 영어를 담당했던 홍대춘 선생님이 또 신학교에 가겠다고 사임했다. 두 분은 다 학생들에게 인기가 많았던 모범교사였다. 나는 30대 중반에 신학을 시작하는 것은 너무 늦었다는 생각이 들어 안타깝게 여겨졌다.

40대 중반에 신학으로 선회

나는 장차 교감, 교장을 바라보며 전력을 다했다. 주위에서 명 교무라는 찬사도 많이 받아 더욱 열심히 뛰었다. 그런데 놀랍게도 40대 중반에 나는 신학으로 선회하고 싶었다. 어느 날 나는 하나님이 나를 너무 사랑하시고 축복하고 계신다는 것을 깨닫게 되었다. 하나님은 이 세상에서 나를 가장 사랑하시는 것만 같았다. 좋은 아내, 좋은 자녀, 좋은 직장, 좋은 건강을 주셔서 다윗의 고백처럼 "내 잔이 넘치나이다"라는 고백이 절로 나왔다. 나는 가끔 퇴근길에 동성로를 걸어가면서 그 많은 인파 속을 휘젓고 목을 더욱 뽑아 올리고는 '여기 하나님이 가장 사랑하는 사람이 지나간다'라며 자부했다. 나는 하나님을 위해서 남은 생애를 바치고 싶었다. 그러나 당장 사표를 내고 신학교를 갈 용기까지는 생기지 않았다. 그래서 교무직은 사임하고 평교사로서 야간 신학교에 입학하여 1년간 교육전도사로 현장 사역을 해보고 싶었다. 아내도 기꺼이 동의했다.

그래서 교장 선생님께 교무직 사의를 표했더니 교장 선생님은 신학 공부하기에는 너무 늦었으니 열심히 교무를 담당하면 앞으로 교감도 되고 교장도 될 수 있지 않겠느냐며 만류하셨다. 면박하게 강요를 할 수 없어서 다시 한 번 생각해 보겠다고 하고 돌아왔다. 이규원 교장 선생님은 중국에서 선교하시고 서울 승동교회에 시무하셨던 이대영 목사님의 외아들이셨고, 교장이자 재단이사장이었다. 앞으로 교감이 되고 교장이 될 수 있다는 것은 당신의 의중을 들어낸 발언이었지만 나에게는 아무런 미련이 없었다. 나는 이튿날 다시 찾아가서 교무 사임을 허락받았다. 당시 대구신학교 교장이신 서문교회 이성헌 목사님을 찾아가 나의 뜻을 밝히고 지도를 부탁했다. 목사님은 기쁘게 여기시고 교육전도사로 받아주겠다고 약속을 하셨다.

목회 입문

나는 대구신학교(야간부) 4학년에 학사 편입하고 1979년 12월 30일 마지막 주일에 대구서문교회 중등부 교육전도사로 사역을 시작하게 되었다. 당시 대구서문교회 중등부 학생은 100여 명 정도 되었고 교사는 10여 명 정도 되었다. 나는 20분 정도 설교를 준비해 나갔는데 집사, 장로 때부터 가끔 설교해 보았기 때문에 가벼운 마음으로 단상에 올랐다. 하지만 웬일인지 뜻대로 되지 않아 죽을 쑤고 말았다.

3,000여명의 학생을 호령했던 대 성광중학교 교무과장이 100여명의 학생 앞에서 쩔쩔매고 나니 자존심도 상하고 만사가 귀찮아졌다. 부풀었던 꿈도 한순간에 사라지고 교무를 사임한 것이 후회스러워졌다.

교역은 아무나 하는 것이 아니라는 새로운 사실을 발견

하고 그래도 담임목사님 체면 때문에 적어도 1년은 수고해 주어야겠다고 다짐했다. 주일을 맞이하기가 무서워졌다. 학생들은 점점 줄어들고 교사들도 결근하는 사람이 많았다. 처음으로 교육부에 들어온 초등학교 교사인 중등부 부장은 "고등부는 발전하는데 왜 중등부는 점점 침체되느냐"고 닦달이 심했다. 굉장한 스트레스였다. 나중에 안 사실이지만 중등부를 담당하다가 고등부로 옮겨간 교역자는 담임목사님과 동서 간인데, 중등부의 유력한 교사들이 따라 옮겨 갔다는 것이었다. 그러니 더욱 고전이었다. 나는 어떻게 하더라도 1년만 견디면 끝난다는 일념으로 중등부 부장이 주장하는 대로 따라갔다. 그렇게 자포자기 심정으로 반년을 보내고 후반부가 되자 나에게 새로운 사명감이 생겨나고 의욕이 살아났다.

나는 중등부 발전을 위해 고심하다가 무엇보다 유능한 교사 확보가 선결문제라는 생각이 들었다. 당시 서문교회는 초등부가 학년별로 6개부로 나누어져 있었다. 그리고 중·고등부와는 집회시간이 달랐다. 그래서 5·6학년부에 가서 마음에 드는 교사들에게 도와달라고 요청하고 지도 교안을 정성을 다해 준비하여 예화까지 실어서 나누어 주었다. 그랬더니 5~6명 교사가 새로 들어와 열심을 내자 중등부 분위기가 완전히 달라졌다. 불과 몇 달 만에 170여 명 되는 고등부를 따라잡고 연말에는 200명 정도가 되었다. 교회 안에 중등부가 재미있다는 소문이 파다하자 중등부 교사를 지망하는 사람도 생겨났다. 성인 가운데 2부 예배를 마치고 중등부 예배에 참석하는 사람도 항상 5~6명 정도나 되었다.

나는 자신감을 갖고 이듬해 사표를 내고 총신대에 진학하기로 마음먹었다. 한편으로 늦게 신학을 하다 보니 애환이 많았다. 한두 가지 예를 든다면 내가 대구신학교 졸업반일 때 총신대에 진학하기 위해 1980년 9월에 노회에서 실시하는 목사후보생 고시를 받기 위해 노회 장소인 침산제일교회를 찾아갔다. 교회 정문에 서 있던 젊은 청년들이 면식이 없는 나를 보고 정중하게 인사를 하기에 나는 놀라서 반사적으로 멋쩍게 답례를 했다.

교회에 들어가니 뜰에 여기저기 모여 있던 젊은이들도 똑같이 정성껏 인사를 했다. 나는 어색하게 답례를 하고 들어갔는데 알고 보니 그 젊은이들은 모두 신학 공부를 마치고 목사 고시를 받으러 온 목회 대 선배들이었다. 중년 신사가 들어오니 필경 노회 중진인 줄 알고 그렇게 깍듯이 인사를 드린 것이다. 나는 고사장에서 부끄러워 고개를 들

수가 없었다. 그뿐만 아니라 오후 면접시간에 연령대가 비슷한 목사님에게 배정되어 앉으니 교회서 맡고 있는 직분이 무엇이냐고 물으셨다. 중등부 교육전도사라고 대답했더니, 대답이 떨어지기 무섭게 전도사 시험에 합격했느냐고 되물었다. 나는 전도사 고시는 보지 않았고 내년에 총신대 입학하려고 한다고 했더니, 전도사 고시에 합격하지도 않은 사람이 어떻게 전도사라고 말할 수 있느냐고 질책을 했다. 나는 사족을 달고 싶었지만 참았다. 나는 노회에 대해 어떤 비애감마저 들게 되었다.

대구서문교회 부교역자

나는 1981년도 총신대 양지 연수원 1회생으로 입학했다. 허름한 과수원 창고에서 수업을 받았다. 도로가 정비되지 않아 비가 오면 차가 들어 올 수가 없어서 휴강이 잦았다. 신입생은 100여 명 정도 되었는데 이미 목사안수를 받은 편

총신신대원 졸업사진(1983년)

목들과 대부분 나이가 든 사람들로서 교육과정은 2년이었다. 기숙사는 물론 학교 건물도 없었다. 농가에 방을 구하여 대구신학교 동기 둘과 자취를 했다. 깊은 산 속이라 가을철에도 밤이 되면 추웠다. 난생처음으로 지게를 지고 산에서 나무를 해다가 밤마다 군불을 넣었고, 추울 때는 한

밤중에 일어나 다시 군불을 넣어야만 되었다.

　2년 과정을 마치고 전담 교역자가 되려고 하니 너무나
자신이 없었다. 고민 끝에 담임목사님께 1년만 더 교육전
도사로 있게 해 달라고 애원조로 말했더니 화를 내시면서
"목회를 책상 위에서 하는 줄 아느냐 그렇지 않아도 늦은
사람이 1년을 더 지체할 수 없다"고 단호히 거절하셨다. 나
는 할 수 없이 1983년도부터 전담교역자가 되었다. 준비
는 부족한데 할 일은 많아 처음부터 많이 힘들었다. 구역
심방은 매일 아침부터 오후 5시까지 나갔는데 전혀 모르는
집에 말씀을 증거 한다는 것이 여간 부담이 되지 않았다.

　한 달에 한 주간씩 새벽기도회를 인도하고 특별히 한 달
에 한 번씩 돌아오는 철야기도회 인도로 골병이 들었다.
그 당시는 저녁 9시부터 새벽 4시까지 집회를 인도하는데
다른 교역자들은 찬송을 잘해서 많은 시간을 찬송으로 채
워나갔는 데 나는 찬송이 약해서 계속 말씀을 증거 해야
되었기에 너무나 힘이 들었다. 하룻저녁 인도하고 나면 그
피로가 10여 일간 계속되었다. 옛날 서울대학교 최문환
총장님이 교사가 너무나 힘들어서 "선생 똥은 개도 먹지
않는다"라고 하셨는데, 내 경험으로 교사는 교역자에 비하
면 아무것도 아니라는 생각이 들었다.

전담 교역자가 되면서 구역 담당 외 고등부 2년, 대학부 2
년을 맡았다. 교육전도사 3년을 합하면 통산 7년이 되었다.
7년 동안 사역하면서 잊히지 않는 아름다운 추억들이 많
다. 먼저 이성헌 담임목사님의 배려이다. 목사님은 내가
목사 안수를 받을 때까지 늘 '이 장로'라고 호칭했다. 공중
기도 부탁을 하실 때도 "이노균 장로 기도하겠습니다"라
고 하셨다. 당시 서문교회 분위기에서 장로는 하늘이고 전
도사는 땅이었다. 많은 분들이 담임목사님을 따라 나를 장
로라고 불렀다.

또 한 가지는 대학부를 맡으면서 교재를 만든 일이다. 나
는 대학부를 맡고 성경을 지도하려니 너무나 자신이 없었

대구서문교회 대학부 학생들과 더불어

다. 중고등학교에서 수많은 과목을 힘들지 않게 지도했는데 막상 성경을 가르치려니 나 자신이 성경에 대한 지식이 부족한 것을 절감했다. 특별히 구약은 더욱 무지했다. 성경을 체계적으로 이해할 수 있는 교재를 찾다가 마땅한 것이 없어 내가 교재를 만들기로 했다. 학생을 지도하는 것은 2차이고, 먼저 나 자신이 성경의 지식적인 체계를 세워야만 했다. 그래서 구약성경에서 먼저 4,000년의 역사를 정리하고 그 다음 39권 각 권이 어떤 역사적 배경에서 기록되었으며 중요한 내용과 신학적 의미를 찾았다. 이 교재는 학생들에게 많은 흥미와 관심을 불러일으켰다. 1년을 지도하니 자신이 생겼다. 비록 교재는 완성되지 않았지만, 그때까지 만든 부분을 가지고 구역장 성경공부를 하고 싶었다.

　당시 서문교회는 구역장이 300명 정도 되었는데 낮에는 모일 수가 없어서 수요예배를 마치고 단순히 전달사항만 전하는 형편이었다. 나는 담임목사님께 낮에 모이자고 건의했다. 강한 자신감을 갖고 제의를 하자 허락해 주셨다. 문제는 실제 영향력을 갖고 있던 다섯 여전도사는 하나같이 완강히 반대했다. 구역장은 모두 생계문제로 낮에는 절대 나올 수가 없다고 했다.

　그래서 나는 하루만 모두 참석하도록 하면 그 다음은 내가 책임지겠다고 설득했다. 과연 270여 명이 참석했다. 나는 90분 동안 열강을 했다. 반응은 절대적이었다. 이구동성으로 낮에 모이자고 했다. 그래서 나는 1년간 성경 공부를 계속했고 사임 인사를 할 때 모두 아쉬워했다. 나는 2년의 각고 끝에 교재도 완성했고 이 교재는 나의 목회에 오랜 동반자가 되었다. 나중에 『한 눈으로 보는 구약성경』이란 책으로 출판도 했다.

또 한 가지 빼놓을 수 없는 이야기는 1986년 12월 총동원주일에 8번 사회를 본 일이다. 대구서문교회는 대구에서 처음으로 총동원주일을 지키기로 1년 전부터 치밀하게 준비해 왔다. 목표는 2만 명, 출석교인 2천 명에게는 엄청난 부담이었다. 온 교인들이 일어났다. 그런데 막바지에 이르렀을 때 나는 부산중앙교회로부터 청빙을 받았다. 불과 한 달 반을 앞두고 빨리 부임해 달라는 독촉을 받았다. 1년 반 동안 담임목사 부재로 연말에 일이 산적해 있다고 재촉이 대단했다.

나는 고민했다. 갈 수도 없고, 안 갈 수도 없고, 담임목사님은 가라고 하셨지만 그럴 수가 없었다. 어떤 불이익을 당해도 나를 길러준 서문교회에 은혜를 갚고 가는 것이 도리라는 생각이 들어 행사 때까지 있기로 했다. 1986년 12월

21일 결전의 날이 다가왔다. 새벽 7시부터 오후 3시까지 매시간 집회를 열었다. 대성공이었다. 목표 2만 명을 초과 달성했다. 나는 8번 사회를 보았고 후반부에 들어가서는 담임목사님이 피곤하셔서 "이 목사가 간증을 좀 하라"고 하셔서 나는 한 10여 분씩 세 번 간증했다. 피곤하신 담임 목사님을 옆에서 조금이라도 도울 수 있었던 것이 부교역 자 시절에 가장 큰 보람이 되었다. 나는 행사 이튿날 부랴 부랴 짐을 꾸려 12월 23일 부산중앙교회에 부임했다.

대구서문교회 교역자 일동

부산중앙교회 사역

담임목사 위임식(1987. 3. 17)

내가 부산중앙교회 부임하는 날 환영 열기가 뜨거웠다. 허우대가 좋다고 모두 기뻐했다. 목회 비전도 없이 계획도 없이 정신없이 부임하여 정신없이 뛰었다. 첫 당회에서 위임식을 3월 17일 거행하기로 결정됨에 따라 일차적으로 그 이전에 전 세대 심방을 계획했다. 일정 때문에 월요일도 쉬지 않고 강행군을 했다. 한편으로 그 좋은 교재를 갖고 부임 다음 주부터 구역장 성경공부도 병행했다. 45명이 모이는데 YWCA 전국 회장 등 내로라하는 권사들을 비롯하여 쟁쟁한 분들이 많았다. 처음에는 조심스럽게 탐색전을 폈지만 역시 체계적인 성경 지식은 부족했다. 안심하고 열강을 한 결과 반응이 아주 좋았다. 가장 큰 문제는 지금까지 담임목사님을 너무 오래 사모해 왔다면서 주일 낮 오후, 수요예배까지 거기다가 새벽기도회, 금요철야기도회까지 맡아 달라고 당부했다. 내 사정을 이야기하고 몇 가지는 부목사님께 맡겼더라면 좋았을 텐데, 요구대로 다 들다 보니 큰 고역을 치렀다.

내가 대구서문교회에서 주일 저녁, 수요예배에서 설교한 횟수가 총 50여 회에 불과했다. 50여 회 설교 원고가 내 목회 전 재산이었다. 대 심방 관계로 설교 준비는 꿈도 못 꾸고 기존 원고를 A, B, C급으로 분류하여 A급은 주일 낮, B급은 주일 오후, C급은 수요예배 설교로 썼다. 한 달쯤 지났을 때 가장 발언권이 센 장로님이 "우리는 이제 목사님의 설교에 대해서는 신경이 안 쓰입니다"라고 하였다. 그 말이 나에게 큰 충격이 되었다. 곧바로 들통이 날 텐데,

걱정이 태산 같았다.

설교 원고는 바닥이 나고 주일은 왜 그렇게 빨리 돌아오는지 그야말로 사투를 벌였다. 그 당시 「내일 일은 난 몰라요」라는 복음송이 유행했는데 나는 혼자 그 노래를 얼마나 많이 불렀는지 모른다. 거기다가 당회원이 대단했다. 장로는 6명인데 성(姓)도 직업도 성격도 다 달랐다. 특별히 위로 세 분은 타협을 모르고 완강했다. 국립대학교 대학원 원장, 유명 변호사, 대형 요양 병원장으로 사회적 신분이나 명성으로 부족한 것이 없었다. 학벌이나 구변이나 지식으로 당해낼 수가 없었다. 첫 당회부터 치열한 논쟁이 벌어졌는데 무섭게 느껴질 정도였다. 나는 이 사람들의 마음을 맞추기는 불가능하고 오직 하나님의 뜻만 받들어 나가야만 되겠다고 결심했다. 때로는 물러서고 결정적인 기회는 굽히지 않았다. 강온을 적절히 구사하며 힘겹게 당회를 인도해 나갔다.

교회당 건축

부산중앙교회는 일제
강점기 때 일본 감리교
성도들이 중구 대청동에
세운 교회였다. 1932년
에 건립한 목조 2층 건물
은 심하게 퇴락이 되었
고, 본당은 약 80평 정도
로 협소했고 주차 공간은
전혀 없었다. 초대 노진
현 목사님 때부터 도심지

부산중앙교회 구 교회당 전경

에서 외각으로 이전을 시도했으나 번번이 무산되었다. 교
인들이 부산 전역으로 분산되어 있었기 때문에 모든 사람
들이 다 원하는 곳을 택하기는 결코 쉽지 않았던 것이다.

나는 부임 후 1년이 지난 뒤 반드시 교회당을 건립해야 되겠다는 결심을 하고 먼저 건축헌금을 작정하기로 제의했다. 대부분 당회원들이 "목사님, 좋은 땅만 구하면 자금은 염려하지 않아도 됩니다"라며 반대했다. 나는 마음속으로 모든 당회원들이 모두 만족하는 대지는 결코 구할 수 없다는 것을 전제하고 자금만 마련되면 일단 다수결의 원칙으로 대지를 매입해야 되겠다는 심산으로 헌금 강행을 밀어붙였다.

어렵게 결의가 되자 나는 부산시내 부동산 중개업자를 찾아다니며 대지 물색에 진력했다. 부산 일대를 수없이 누볐다. 마침내 교회에서 멀지 않은 보수동에 있는 애린 유스호스텔을 매입하기로 했다. 대지가 약 1,800평, 건평이 약 1,000평으로 기존 건물을 보수하면 예배실 교육관 사택까지 마련하기에 충분했다. 즉시 계약을 체결하고 건축헌금으로 여러 차례 중도금도 지불하고 잔액은 교회당을 매도해서 완납하기로 했다. 온 교인은 모두 기뻐하며 오랜 숙원이 이루어졌다고 감사했다. 1990년도 행정 당회도 그곳에서 열었다. 그런데 부동산 경기 침체로 교회당 매도가 어렵게 되자 해운대에 부지를 계약한 애린 유스호스텔 측이 아파트업자에게 이중매도하고 이전까지 넘겼다.

뒤늦게 이 사실을 안 교회는 발칵 뒤집어졌다. 허탈해하는 교인들의 심정을 위로할 길이 없었다. 마침내 아파트업자에게 매도한 차익금은 우리에게 돌려주고 거기에 수억 원의 헌금까지 하기로 합의하고 우리 계약은 무효로 했다. 경제적 보상은 받았지만 교회당 건축의 꿈은 사라지고 말았다. 나는 전화위복이 될 수도 있다고 위로하고 비록 대지 물색은 입 밖에 꺼내지도 못했지만 계속 대지를 찾아다녔다. 1년 뒤에 남천동 임야 약 3,000평을 매입하기로 구두로 약정하고 이튿날 계약하기로 했는데 바로 그날 김영삼 대통령이 지방 안가를 모두 개방한다고 선언했다. 토지주인은 안가에 접한 산지가 건축 제한이 풀릴 것으로 믿고 매도하지 않겠다고 넘어졌다. 애원도 강요도 해 보았지만 소용이 없었다. 단 하루 차이로 계약을 못하고 나니 더욱 안타까웠고 선하신 하나님의 뜻마저 회의가 생겨났다.

　실의에 빠져 얼마를 헤매다가 비장한 각오로 40일 특별새벽기도회를 갖기로 했다. 93년 8월 16일부터 9월 24일까지로 잡았다. 당회원은 반대가 없었지만 부목사들은 준비 기도를 많이 하고 시작해야 한다고 건의를 했다. 그러나 마음이 다급했다. 보통 특별새벽기도회로 모이면 80~90명 정도 모였는데 나는 한 시간 전에 나와서 마가

요한 다락방처럼 120명을 보내 달라고 간절히 기도했다.
시간이 되어 일어나 강대상 앞에 섰을 때 나는 환상을 보
는 것 같았다. 주일 예배 때처럼 빈자리가 없을 정도로 예
배당을 가득 채웠다. 나는 감격에 북받쳐 눈물로 개회선언
을 했다. 그날 참석한 인원이 241명이었다. 나는 성령의
놀라운 역사라고 느끼며 교회 부지는 이미 얻은 것처
럼 여겨졌다.

　이튿날은 밤부터 제7호 태풍 로빈이 새벽까지 몰아쳤
다. 나는 밤잠을 설치고 일찍 나가 비바람이 그치기를 간
절히 기도했으나 조금도 수그러들지 않았다. 절반이라도
나와 주었으면 하는 애절한 소원을 품고 자리에서 일어났

전 교인 40일 특별새벽기도회 마지막 날 기념(1993. 9. 24)

는데 또 한 번 감탄을 했다. 그 강한 비바람을 무릅쓰고 여전히 교회당을 가득 매웠다. 모두들 이구동성으로 "오늘은 아무도 안 나오겠다 나 혼자라도 나가야지"라는 심정으로 나왔다는 것이다. 성령의 역사가 아니고는 설명할 길이 없었다. 이튿날은 전 날보다 5명이나 더 많은 246명이 참석했다. 그 뜨거운 열기는 40일 동안 계속되었다.

마침내 특별새벽기도회 종료 3일 전인 9월 21일 남천동에 부지 2,282평을 법원 경매(1차 유찰)에서 아주 싼값에 매입했다. 그 땅은 하나님이 주신 것을 어느 누구도 의심할 수가 없었다. 어떤 교회 중진은 "우리가 하나님을 보았다"라고 말하고 이웃교회들은 "부산중앙교회에 기적이 일어

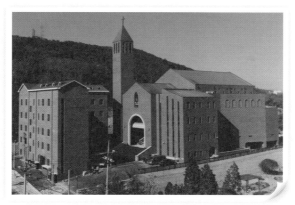

남천동 새 성전 (이 구도를 찍기 위해 공사 중인 대형 크레인 위에 올라감)

났다"라고까지 말했다. 구 교회당을 매도하여 1,800여 평의 본당과 교육관을 2년 만에 완공했다. 당시 부산에서 가장 넓은 대지에 가장 큰 교회당을 세운 것이었다.

한편 40일 특별새벽기도회에 누구보다도 간절하게 기도했던 아내는 준공을 보지 못한 채 갑자기 세상을 떠났다. 나는 금요일 장례를 치르고 주일 '사라의 일생'이란 제목(아내의 이름 : 김사라)으로 말씀을 증거하면서 눈물을 안 보이려고 참으로 힘든 설교를 했다.

동아대학교 부속병원에 마련된 아내의 빈소 (1995. 4. 26)

50년사 편찬과 안식년

교회 건축은 교회 설립 50주년을 맞추어 준공하기 위해 진력을 다했다. 한편, 50년사 편찬위원장을 선임하고 50년사도 출판하기로 했다. 교회 건축은 순조롭게 진행되었는데 50년사 편찬은 진척이 없었다. 노파심으로 몇 번이나 독려를 했지만, 계속 미루다가 위원장이 국가의 중책도 맡고 해서 헌당식 3개월을 앞두고 도저히 시간을 낼 수 없다고 했다. 특별히 역사에 관심이 많은 나에게는 크나큰 충격과 상처가 되었다. 여간 괴롭지 않았다. 허탈감에 빠져 며칠간 헤매다가 내가 하기로 결심했다. 특별한 심방 이외는 2개월 동안 편집에 매달려 헌당식 때 배포하게 되었다.

부산중앙교회 50년사

난생처음 출판한 책이었다. 너무나 귀해서 머리맡에 얹어
놓고 밤에 껴안고 잤다. 종교개혁자 마틴 루터는 갈라디아
서가 너무나 좋아 "갈라디아서는 나의 아내"라고 했다는
말이 이해가 되었다. 교인들의 반응도 좋았다. 어떤 집사
님은 하룻밤에 다 읽었다고 하면서 좋아했다. 새로운 교회
로 입당하니 대청동에 있던 교인들이 한 가정을 빼고는 그
먼 곳으로 다 나왔다. 뿐만 아니라 교회당이 아름답다고
소문이 나자 남천동 일대서 많은 사람들이 몰려왔다. 교인
수는 점점 늘어나 배가 넘었다.

입당예배기념(1995. 10. 29)

나는 너무나 힘겹게 달려왔기에 심신에 피로도 느끼고, 한편으로 늘 마음속으로 동경해 왔던 미국 유학도 하고 싶었다. 그래서 교회로부터 1998년에 안식년을 허락받았다. 내가 평소 존경하던 고신대 이상규 교수님께 강단을 맡기고 편안히 미국으로 떠났다. 사위의 특별한 배려로 외손자, 외손녀를 데리고 딸과 함께 풀러신학교가 있는 LA로 가서 목회학 박사과정에 등록을 했다. 단연 최고령자였다.

한편 1년 상여금을 일시불로 받고 평소에 조금 마련해 둔 비자금까지 다 동원했지만, 1997년 터진 IMF 때문에 환율이 뛰어서 1달러를 1,800원으로 교환하니 반년은 생활할 줄 알았는데 2~3개월이 지나자 바닥이 났다. 교회서 보내주는 사례비로는 생활하기도 힘이 들었다. 여행도 하고 싶고 가보고 싶은 곳도 많아 서울성모병원에서 수련 중인 큰아들과 공직에 입문한 둘째 아들에게 SOS를 쳐서 매달 150만 원을 지원받아 여행도 많이 했다.

풀러신학교에서 미국에

풀러신학교 졸업식

풀러신학교 졸업 기념(2000. 6월)

서 이수해야 하는 학점은 다 받고 귀국해서 2000년 학위를 취득했다. 부모에 대한 효심을 하나님이 기뻐하셨음인지 외손자(양은모 : 당시 초등 3년)는 삼성장학금으로 학비는 물론 생활비까지 받으며 스탠포드대(컴퓨터 전공)를 졸업하게 되었고, 외손녀(양은성 : 당시 초등 1년)는 민족사관고등학교를 수석으로 졸업하고 예일대에 입학했다.

안식년 미국 유학을 뒷바라지 한 딸과 외손자, 외손녀

목회 마무리

1995년 12월 새 교회로 입당 이후 교세는 점점 늘어나 1997년도에 대예배 출석인원이 1,000명에 육박했지만 그 이상은 늘어나지 않았다. 예배실은 중층을 합해서 약 1,500석인데 중층은 언제나 비어있었다. 이것은 나에게 큰 부담이 되었다.

퇴임식 마지막 주보

나는 1998년도 안식년을 마치고 돌아와서 1999년 1년 동안 곰곰이 생각했다. 정년까지 가느냐, 그렇지 않으면 새 천년을 맞는 연말에 거취를 결정하느냐 이 문제를 놓고 오래 기도했다. 재임기간에 일본인으로부터 물려받은 교회당을 정리하고 처음으로 부산중앙교회당을 건축하고 새로운 역사를 시작했으니 어떤 의미로는 새롭게 설립한 것이나 다름이 없었고, 교인 수도 배가 넘게 증가했고 정년까지 가면 만 20년 근속이 되니 원로목사에 오를 수 있는 것이 무엇보다도 뿌리칠 수 없는 욕심이 되었다. 그러나 다른 한편으로 내 능력의 한계를 느끼고 능력 있는 젊은 목사가 부임하면 교회가 더 성장도 할 수 있지 않을까 하는 당위성에 마음이 편치 못했다.

기도하면 할수록 후자 쪽으로 기울어졌다. 그래서 용단을 내리기로 결심했다. 나를 아끼는 중진들 누구와도 상의하지도 않고 조기 은퇴를 결심했다. 그렇게 정리를 하고 나니 또 한 가지 문제가 생겼다. 그러면 언제쯤 사임을 하느냐 하는 것인데 2002년이냐, 2003년이냐 마음 같아서는 2003년으로 하고 싶었지만 그렇게 되면 교회에 부담을 줄 것 같았다. 3년만 더 있으면 원로목사가 되는데 너무 야박하다고 생각할 사람도 있을 것 같았다.

이미 욕심을 버렸으니 기꺼이 2002년에 사임키로 결심하고 연말 행정 당회 때 폭탄선언을 했다. 모든 당회원들이 놀랐다. 수석장로는 "대한민국에 이런 목사 없다"고 놀라워 했다. 나는 또 2000년 첫 주에 교회 앞에 정식으로 발표했다. 그래도 앞으로 3년이 남았으니 열심을 다해야 되겠다는 각오로 조금도 흔들림 없이 최선을 다하다가 2002년에 이르러 준비된 교안을 갖고 책을 펴내기로 했다. 사무원 안순홍 양이 타자를 얼마나 잘 치는지 원고를 주면 즉시즉시 쳐 주었다. 무엇보다도 놀라운 일은 내가 빨리 쓴 내 필적은 하루만 지나면 나도 모르는데 안 양은 방서(方書) 같은 내 글자를 얼마나 잘 읽는지 그저 감탄할 뿐이었다. 그리하여 어렵지 않게 3개월 만에『한 눈으로 보는 구약성경』을 출판한 후 다시 3개월 뒤에 이어서『한 눈으로 보는 신약성경』을 출판했다.

한편으로 부족한 사람을 위해 충성을 다한 부교역자들에 뭔가 보답하고 싶었다. 처음이자 마지막이기에 교회에 좀 무리한 요구를 했다. 새벽기도회는 당회원에게 맡기고 교육전도사를 포함한 전 교역자가 한 주간 일본 여행을 가기로 했다. 교인들이 얼마나 많이 찬조를 했던지 경비를 쓰고도 남아서 분배를 했다.

편안히 반년을 지나다가 은퇴를 하려고 생각하다가 욕심이 생겨서 마지막으로 웨스트민스터 소요리 문답을 출판하고 싶었다. 부산신학교에서 한 번 강의한 교안이 있어서 욕심을 내었다. 무식이 가장 용감한 것처럼 겁 없이 착수했다. 원고를 정리하고 우리 교단에서 교리에 최고 권위자인 총신대 신대원장 서철원 박사에게 면식은 없었지만 추천서를 부탁했더니 다 읽으시고 그리스도인의 필독도 서라고 격찬을 해 주셨다. 그래서 그해 10월 초『알기 쉬운 웨스트민스터 소요리문답 해설』을 출판했다.

그래도 또 시간이 남기에 마지막으로 '학생 20년 · 교사 20년 · 목사 20년 · 살아온 이야기'라는 부제를 달고 자서전『날로 새로워라』를 출판하고 2002년 12월 22일 주일에 17년 동안 숨 가쁘게 달려온, 영원히 잊을 수 없는 부산 중앙교회를 사임하였다.

퇴임식 때 눈물을 흘리는 장로님들(2002. 12. 22)

은퇴를 하고서

　나는 너무나 힘들게 사역을 했기 때문에 푹 쉬고 싶었다. 그러나 2~3개월 지나니까 무료해서 견디기 힘들었다. 무엇보다도 남은 생애를 어디서 보낼까 갈 곳이 마땅치 않았다. 큰 아들은 같이 살자고 했지만 그럴 수도 없었다. 곰곰이 생각하다가 여동생이 둘이나 사는 경주를 선택했다. 충효동에 작은 아파트를 전세 내어 입주했다. 막내 여동생이 병원에 예배실을 마련해 놓고 아침마다 예배를 드리기를 소원해 왔다면서 예배를 인도해 달라고 요청을 했다. 그래서 매일 아침 8시 50분에서 9시 10분까지 의사, 간호사를 모아놓고 예배를 인도했다. 그렇게 7년 동안 계속하다가 힘이 들어 2010년에 그만두었다.

　그리고 원장 주변에 친구들 부부 팀 성경공부도 병행하고, 나중에는 경주시내에서 초교파적으로 모이는 여성들이 10여 명씩 그룹을 지어 성경공부를 부탁하여 몇 개 팀을 수년간 계속했다. 한때는 대구, 포항, 울산으로 원정도 다녔다.

한편으로 2004년도부터 전도지(「씨앗」 전체 16쪽)를 발간하여 주로 병원, 교도소, 학교, 교회 등지에 배부했다. 월간으로 시작했는데 창간호는 1만 5,000부를 발간했다. '용기를 얻고 도전을 받는 이야기'란 부제를 달고 주로 위대한 인물들의 성공담과

「씨앗」 창간호

간증, 그리고 요약 설교 한 편씩을 실었다. 반응이 매우 좋았다. 각 병원마다 서로 다투어 많은 부수를 보내달라는 요청이 쇄도했다. 그래서 부수가 점점 늘어나 지금은 2만 4,000부를 발간한다. 나는 이일을 시작하면서 하나님께 두 가지를 기도했다. 첫째는 「씨앗」 100호 출간을 위해, 둘째는 어떤 사람에게도 경비 지원을 요청하지 않기로. 그런데 1년을 지내고 보니 매월 출간은 여러 가지 부담이 많았다. 그래서 2005년부터는 두 달에 한 번씩 격월간으로 출간했다. 아무도 도우는 사람 없이 혼자서 모든 일을 다

처리하려니 힘은 많이 들었지만 보람은 컸다. 계속 월간으로 출간했더라면 2012년 4월이면 100호가 되는데, 중간에 격월간이 되어 100호를 내자면 2019년이 되어야만 한다. 내 나이 86세가 된다. 그러나 나는 목표를 향해 달려가고 싶다.

한편으로 2006년에 아파트 생활이 너무 답답해서 경주 시내 소금강산 자락에 아담한 전원주택을 짓고 정원수를 가꾸며 개도 기르며(세 마리) 손수 밥 지어먹고 빨래하고 청소하며 외로움을 모르고 바쁘게 뛰면서 늙음을 즐기고 있다 (2012. 1월).

_ 부경교회사 연구 제53호(2015. 1) '뒤돌아보는 세월' p 109~128에서 인용

「씨앗」 61호(통권)를 발간하면서

　「씨앗」지는 60호(2012년 11~12월호)를 끝으로 세상에서 사라질 것으로 생각했다. 그런데 이렇게 61호를 발간하게 되니 감회가 없을 수가 없다.

　나는 작년 2월부터 혈당조절이 잘 되지 않고 체중이 줄고 설사를 자주 하여 4월 22일 종합검진을 받아보기 위해 대전에 있는 큰아들 집으로 갔다. 큰손자(東元, 초등 6)가 할아버지 대변 색깔이 어떠하냐고 묻기에 무심코 검은색이라고 했더니 손자가 책에 보니 검은색은 암일 수도 있다고 했다. 그 이야기를 옆에서 듣고 있던 큰아들은 급히 다음 날 대전 건양대학병원에서 위내시경 검사를 의뢰했고, 위암으로 판명됐다. 담당 교수님은 "초기는 아니고 그렇다고 아주 말기도 아니다"라고 판독하면서 병이 심상치 않음을 암시했다. 나는 다소 충격이 되었지만 어떤 마음의 동요는 없었다. 나는 교수님(큰아들의 선배)께 솔직히 말했다. "나는 목사이고 또 연령도 80에 가까우니 살 만큼 살았으므로 죽음에 대해선 아쉬움은 없습니다. 수술은 받고 싶지 않습니다. 만약 수술을 받지 않는다면 얼마나 더 생존할 수 있겠습니까?" 교수님은 "한 6개월 정도로 봅니다"라고 했다.

나는 그때 옛말에 "인생이란 마치 어린애들이 길가에 모여 동두께비 살림을 살다가 어머니가 부르면 살던 살림을 그냥 두고 집으로 뛰어 들어가는 것과 같다"고 했는데, 과연 그렇다는 생각이 절실했다.

나는 하고 싶었던 몇 가지 일을 마무리하지 못한 것이 좀 아쉬웠다. 무엇보다도 문서선교지 「씨앗」을 57호(2012년 5~6월호)밖에 내지 못한 것이 가장 아쉬웠다. 나는 은퇴 후 1년 만인 2004년 1월 「씨앗」을 월간으로 출판하면서 하나님께 기도하기를 100호를 출간할 수 있게 해 달라고 하였다. 그런데 57호밖에 내지 못한 것이 가장 아쉬웠다. 사실 「씨앗」지는 2005년부터는 두 달에 한 번씩 격월간으로 출판하였다. 만약 지금까지도 월간으로 계속 출판하였더라면 지난 4월 호로 꼭 100호가 된다. 그렇게 합리화시켜보기도 했지만, '57'이라는 숫자가 내가 살아온 삶을 총결산하는 평점 같아서 마음이 편치 못했다. 57은 낙제 점수인데 최소한 60은 채워야 되겠다는 생각이 들어서 나머지 58호, 59호, 60호만은 아들에게 만들어달라 부탁하고, 또 평소 내가 쓰고 싶었던 책『(주기도, 사도신경, 십계명 해설)』을 써서 유고로 남기고 싶었다. 그렇게 마음을 정리하고 나니까 마음이 편안하고 한편으로는 고생과 눈물이 많은 이 세상을 하직하고 하늘나라로 가게 된다는 것이 오히려 잘된 것 같기도 했다.

큰아들은 즉시 자기가 수련을 받았던 서울성모병원에 위암 수술을 잘 하시는 박조현 교수님께 연락하여 진단받기로 예약하고 다음 날 아침 일찍 서울성모병원으로 가자고 했다. 나는 완강히 거부했으나 아들과 며느리가 하도 권해서 만약 내가 가지 않으면 자식들에게 평생의 한을 만들겠다는 생각이 들어서 결국 내 뜻을 접고 24일 서울로 올라갔다. 모든 일이 속전속결로 진행되었다. 마침 박 교수님이 24일 외래 환자를 보는 날이어서 제1차로 진단을 받았다.

박 교수님이 건양대학병원 영상을 보시더니 암세포에 출혈이 많았다고 하시며 보통 암 종양이 2~3cm 정도가 흔한데 7cm나 된다고 하셨다. 나는 7cm라고 강조한 말이 수술이 어렵다는 말같이 들렸다. 일단 입원을 하고 검사를 실시해 보자고 하셨다. 즉시 입원을 했다.

나는 기도할 때마다 '하나님, 어떻게 해서라도 수술을 할 수 없는 상태가 되어 자식들의 한을 남기지 않도록 해 주십시오'라고 했다.

　특별히 24일 밤과 25일 밤 1시경에 일어나서 텅 빈 병실에서 홀로 무릎을 꿇고 간절하게 그리고 엄숙하게 기도했다. '하나님, 저는 아내도 없지 않습니까? 만약 수술을 한다면 누가 그 어려운 간병을 할 수 있겠습니까? 고통 가운데 몇 년을 더 살면 무슨 의미가 있습니까? 그 무거운 짐을 자식에게 지우기는 너무나 부담이 됩니다. 하나님, 저의 심정을 잘 아시잖아요. 수술을 할 수 없도록 해 주십시오'라고 간구했다. 수술은 4월 30일로 잡혀 있는데 26일 오후 2시 반경 병실에 나 홀로 있을 때 나는 수술받는 것이 하나님의 뜻인 것을 알았다. 예정대로 4월 30일 아침 8시에 수술실로 들어갔다. 아무런 염려도 불안도 없이 너무나 편안하게 수술대에 올랐다. 수술을 마치고 병실에 돌아오니 오후 1시경이 되었다. 별 아픔도 없고 편안했다.

　나는 눈치를 채지 못했지만 그동안 돌아간 사연이 복잡했다. 집도 교수님은 아들에게 병집이 너무 커서 복막에 전이가 된 것 같으나 그래도 수술을 해봐야 되지 않겠느냐고 하였다. 아들은 만약에 개복을 해서 복막에 전이가 되었으면 바로 봉합을 해야 되니 그렇게 되면 병세도 급히 악화될 수도 있고 또 수술로 많은 고통만 더할 것을 생각할 때 쉽게 결단을 내릴 수가 없었던 것이다. 큰아들은 위내시경 영상을 갖고 서울에서 유명한 위암 수술 전문의를 찾아가서 문의해 보았더니 어떤 의사는 수술을 하라 하고 또 다른 의사는 안 하는 것이 좋을 것 같다고 해서 더욱 갈피를 잡을 수가 없게 되었다. 며칠간 고심 끝에 아들과 집도 교수님의 최종 합의는 바로 개복을 하지 않고, 배의 몇곳에 구멍을 뚫어서 복강경 검사를 통해 전이 여부를 확인하고 난 다음 수술 여부를 결정하기로 했다. 큰아들은 수술 하루 전날 고모 집에 가서 그렇게나 많이 울었다고 했다. 내일 수술이 불가능하면 아버지는 곧 세상을 떠날 것이니까, 명색이 의사로서 그 심정이 얼마나 아팠을까!

수술 당일 큰아들과 며느리는 고모들의 증언에 의하면 그 초조한 심정을 표현조차 할 수 없었다고 했다. 수술실에 들어가고 1~2시간까지는 과연 수술을 할 수 있을지 안절부절하는 모습을 차마 볼 수 없었다고 했다. 2시간이 좀 지나서야 보호자 대기실에 '이노균 수술 중'이란 안내문이 뜨자 비로소 1차 안심을 했다는 것이다.

내가 수술을 잘 받게 된 것은 근본적으로 하나님의 큰

은혜이지만 큰아들의 정성도 크다고 여겨진다. 하나님이 히스기야의 눈물을 보신 것처럼 큰아들의 그 눈물도 귀하게 보셨다고 여겨진다. 한편 세 여동생 권사는 수술 전날 밤 철야기도를 했는데 한 동생이 새벽녘에 비몽사몽간에, 화분에 여러 파란 줄기가 씽씽하게 자라는데 그 가운데 한 줄기가 위로 3분의 2 정도 잘린 것을 보았다고 했다. 이 환상은 정확히 내 수술을 미리 보여 준 것이었다. 내 위의 병집이 상당히 컸지만 위치가 아랫부분이어서 위를 절제할 때 윗부분 일부는 살려 놓았다고 했다.

나는 별 부작용 없이 순탄하게 치료가 진행되어 수술 이튿날부터 병원 복도(약 200m)를 몇 바퀴씩 돌았다. 그리고 5월 7일 퇴원을 했다. 퇴원하던 날 수술을 집도한 선생님으로부터 자세한 수술 이야기를 들었다. 선생님 얘기로는 수술은 거의 기적이었다고 했다. 병집이 그렇게 큰데도 주변에 전혀 전이가 되지 않았다고 놀라워하시면서 "목사님이시니까 하나님이 특별히 역사하신 것 같다"고 하셨다. 심지어 "병집 주변에 임파절(Lymph Node)을 70개나 떼어내어 검사를 해보았는데 하나도 전이된 것이 없었다"고 거듭 놀라워했다.

큰아들 집으로 돌아와서 본격적인 투병생활을 시작했

다. 며느리가 위암 환자들에 관한 여러 가지 참고 도서를 구입하여 식단과 병리 현상까지 꼼꼼히 살펴서 그야말로 완벽하게 간병을 해 주었다. 특별히 안 사돈도 10여 년 전에 역시 위암 수술을 받았기 때문에 며느리는 친정어머니에게 일일이 문의하여 더욱 철저하게 수발해 주었다. 매 끼마다 다른 메뉴로 하루 6번씩 그야말로 혼신의 힘을 다 쏟아 주었다. 나는 큰아들과 며느리를 대할 때 가끔 생명의 은인이라는 생각이 들었다. 앞으로 자식을 위해서라도 더 열심히 살아야 되겠다는 생각을 한다.

사실 「씨앗」은 병원의 요우(僚友)들이 가장 많이 보는데 나는 그동안 환자에 대한 글은 별로 싣지를 못했다. 앞으로 좀 더 환자에 대한 관심을 갖고 써야 되겠다는 생각이 든다. 먼저 요우들에게 위로의 말씀을 드리며 빠른 쾌유를 진심으로 기원한다. 그리고 특별히 암으로 고생하는 요우들에게 용기를 내시도록 권면한다. 80세가 다 된 이 늙은 노인도 적극적으로 투병생활을 하고 있으니까요. 나는 암을 이긴 사람들을 보면 모두 영웅같이 느껴진다. 우리 모두 다 같이 암을 정복한 영웅이 됩시다!

참새 두 마리가 한 앗사리온에 팔리지 않느냐 그러나 너

희 아버지께서 허락하지 아니하시면 그 하나도 땅에 떨

어지지 아니하리라(마10 : 29)

_ 2013년 「씨앗」 1, 2월호(통권 61호)에서

2013년 7월 3일 수요일 국민일보

이노균 목사 '사도신경·십계명 해설' 출판예배

미국 풀러신학대학원 목회학 박사
인 이노균 목사의 '사도신경·십계
명·주기도문 해설'(비전북) 출판
기념예배가 최근 대전 유성호텔에
서 열렸다(사진). 교계 인사
100여명이 참석한 가운데 열린 예
배에서 이상규(고신대 부총장)
목사는 "오랜 시간 심혈을 기울여
쓴 이 책은 신앙을 재정립하는 유
익함을 줄 것"이라며 책 출판의 의
미를 강조했다.

이 목사는 "어른이 다 되는 은퇴
목사가 일종의 사명감을 갖고 썼
다"며 "그리스도인이라면 누구나
쉽게 이해할 수 있도록 간단명료하

게 서술했다"고 말했다. 이 목사는
2002년 은퇴한 뒤 격월간지인 문서
선교지 '씨앗'을 출간했고 지난해
암 수술을 받으면서도 중단 없이
지금까지 매호 2만여부를 발행해
병원, 교도소, 교회 등지에 배부하
고 있다.   유영대 기자

암수술 후 『사도신경 십
계명 주기도문 해설』(비
전북, 2013)을 저술한 후
출판기념회 기사와 사진,
2013년 7월 3일 국민일보
미션 면(2013. 7. 3)

출판기념회(2013. 6. 22)

어머니 김사라 사모님 이야기

_이종훈 (장남)

아버지 유고집에 당신의 인생에 가장 영향을 끼치셨을 어머니 이야기를 조금은 해야 할 것 같다. 하나님께서는 당대에 복음을 접하신 아버지를 목회자로 쓰시려고 어머니를 만나게 하신 것 같다.

어머니는 1942년, 김태호(金泰鎬) 목사님의 3남3녀 중 막내로 태어나 모두의 사랑을 독차지하며 자라셨고, 유난히 영특하고 슬기로우셨다고 한다. 외할아버지는 광주 숭일학교를 졸업하시고 숭일학교 교사와 여수 돌산보통학교 교장을 역임하시다가 신학으로 선회하여 평양신학교를 졸업(1936년)하셨다. 위로 3명의 자녀를 일본으로 유학 보낸 당시 최고 지식인이셨고 숭일학교 시절에는 테니스

선수까지 지내셨다고 한다. 고향인 전라도에서 목회를 하
시다가 6·25가 일어나자 경북지방으로 피란오셔서 목회
를 하셨다.

외할아버지가 아버지의 고향 흥해에 부임하셨을 때 어
머니는 광주사범학교 졸업반이셨고, 아버지는 대학을 2년
다니시다가 결핵으로 학업을 더 이상 진행할 수 없어 고향
으로 오셔서 요양을 하면서 총각집사로 그리고 청년회 회
장을 맡고 계셨다. 어머니는 이듬해 졸업과 함께 외할아버
지 목회를 돕기 위해 흥해로 자원하여 초등학교 교사로 부
임해 오셨다. 찬양대 반주와 주일학교 교사로 외할아버지
의 목회를 적극 도우셨고, 그렇게 두 분은 만나게 되셨고

광주사범학교 졸업반 때
어머니의 모습(1959년)

아버지와 어머니의 연애 시절

결혼을 하시게 되셨다.

어머니는 광주사범학교 재학 시에 전국 고등학교 연극제에 「조국」(유치진 작)이란 작품에서 주인공 '정도'의 어머니 역을 맡아 여우주연상도 받으신 적이 있으셨는데, 당시 서라벌예대(현 중앙대)에서 전액장학금을 주겠다는 구애를 받으신 적도 있으셨다. 교사로 일하실 때는 방송반 지도를 도맡아 하셨고, 주일학교에서도 성경동화를 들려주시곤 하셨다.

어머니는 교사를 하시며 우리 삼남매를 키우셨는데 우리는 어머니를 '해결사'라고 불렀다. 그리고 할아버지가 일찍 돌아가신 관계로 아버지가 5명이나 되는 여동생들의

결혼식 후 이틀을 친정에서 보내시고 신혼여행 없이 흥해 시댁으로 오심 (1963. 12. 5)

실질적인 가장 역할도 하셨기 때문에 적금 한번 들지 못하셨다고 한다. 어머니는 어디를 가시든 전도를 하셨다. 택시를 타면 가면서 택시 기사분에게도 전도를 하셨다. 가르치는 학생 중에 어려운 학생이 있으면 집에 데려 오셔서 밥도 먹이시고, 사랑이 넘치신 분이셨다.

아버지가 교직을 그만두시고 신학으로 선회하셨을 때도 누구보다도 아버지를 응원해 주셨는데, 총신신대원 합격 통지서를 받아들고 감격해 하시던 어머니의 모습이 지금도 눈에 선하다. 어머니는 교직에서도 단연 두각을 나타내셔서 대통령상까지 수상하셨는데 아버지가 부산으로 부임하셨을 때는 30년 가까이 잡으셨던 교편을 미련 없이 내려놓으시고 사모님 역할에 전념하셨다.

특별히 어머니는 필체가 너무 멋지셨고 글을 잘 쓰셔서 아버지 목회에 많은 도움이 되셨다. 또한 어떤 문제로 누구를 만나시든 항상 온화하지만 논리정연한 설득으로 대부분의 일을 무난하게 해결하셨다. 어머니는 교인들에게 많은 존경과 사랑을 받으셨고, 때로는 아버지의 든든한 방패가 되시기도 하셨다. 부산중앙교회 수석장로님이셨던 故 김광일 장로님(당시 김영삼 대통령 비서실장)은 어머니의 다재다능함을 안타까워하시며 "우리 사모님 이렇게 집에 가만히 계시게 해도 되나?" 하시던 말씀이 생각난다.

어머니는 새 성전을 한창 건축 중일 때 말기 간암을 진단 받으셨고, 교인들은 어머니를 위해 특별새벽기도회를 진행하기도 했다. 하지만 1995년 4월 26일, 입당을 6개월 앞두고 어머니는 아버지 품안에서 천국으로 가셨다. 교회장으로 진행된 장례식에 교인들은 부모를 잃은 듯 오열했다. 특히 어머니의 사랑을 많이 받았던 국제시장 주변의 어렵게 사시는 분들이 많이 슬퍼했다.

아버지는 어머니가 소천하신 후 어머니의 빈자리가 너무 크게 느껴졌다고 자서전에 쓰셨는데, 지금은 어머니와 나란히 양산에 있는 부산중앙교회 부활동산에 누워 계신다.

당시 교회에서 월간지로 발간했던 「겨자씨」 1995년 9월호에 실린 나의 글을 싣는다.(당시 의대 본과 3학년)

40일 새벽기도
_제2청년부 이종훈

주님께서는 공생애를 시작하시기 전에 40일을 금식기도 하셨다. 우리 교회는 부지를 마련하기 위해 40일을 새벽기도 하였다. 40일이 거의 다 되어 주님께서는 너무도 아름다운 땅을 허락하셨다. 기도회 첫날, 예배실을 꽉 메운 성도님들로 감격해 하시던 아버지의 모습을 나는 영원히 잊을 수가 없을 것 같다. 주님은 산타크로스처럼 선물꾸러미를 울러 메시고, 우리가 기도하기만을 기다리셨던 것이다. 또 한 번의 40일 새벽기도회는 사실 어머니를 위해서였다. 의학의 한계를 넘어선 병으로 인해 우리 가족이 어머니의 너무도 평화스러운 동의로, 기도원에서 주님의 뜻을 기다리기로 했을 그때. 성도님들에 의해 기도회는 조용히, 하지만 간절히 시작되었다. 그 40일 동안 의학도인 나는 기적을 보았다. 말기 암 환자가 아무런 진통제 없이 통증하나 없이 이전보다 더욱 건강하신 모습으로 새벽기도는 물론, 나와 함께 언덕 위에 올라 찬송도 부르셨다. 40일 기도회가 끝나는 전날 밤, 어머니는 갑자기 병세가 악화되어서 다시 병실로 모셔졌다. 그리고 친지들과 마지막 인사를 나누시고 그토록 사랑하시던 아버님 품안에서 조용히 주님 곁으로 가셨다. 하나님께서는 진작부터 어머니를 데려가시기로 작정하셨던 것 같다. 하지만, 우리들의 40일 새벽기도로 말미암아 40일을 연장시켜 주셨던 것 같다. 그러니까, 우리들의 두 번째 '40일 새벽기도'도 들어주셨던 것이다. 그리고 합력하여 선을 이루시는 주님이 앞으로 우리에게 계획하신 일이 기대가 된다. 어머니께서는 병실에서 건축 중인 교회를 비디오로 보시며 너무도 기뻐하셨다. 그리고 오시는 친지마다 보여주시며 자랑스러워 하셨다. 완공되어져 가는 교회를 보니 문득 '40일 새벽기도회' 생각이 난다. 그리고 어머니 생각이 난다.

어머니가 암 진단을 받은 뒤 함께 찍은 가족사진(1994년)

3부

너
하나님의 사람아

바울 사도는 자신의 믿음의 아들이요 후계자인 디모데를 향해 "너 하나님의 사람아"(딤전 6 : 11)라고 불렀다. '하나님의 사람'이란 하나님이 부른 사람, 하나님께 속한 사람, 하나님의 뜻을 따라 사는 사람, 그리스도인의 신분을 한 마디로 잘 표현한 낱말이다. 그리스도인의 긍지와 자부심 그리고 그리스도인의 사명을 일깨워주는 이름이다.

구약시대에는 하나님의 위대한 종에게만 특별히 붙여진 영광스러운 존칭이었다. 모세를(신 33 : 1), 다윗을(대하 8 : 14) 그리고 엘리야를(왕하 1 : 9) '하나님의 사람'이라고 불렀다. 그러나 신약시대에 들어와서는 디모데뿐만 아니라 모든 성도들에게 붙여지는 영광스러운 호칭이다. "오직 너희는 택하신 족속이요 왕 같은 제사장들이요 거룩한 나라요 그의 소유된 백성이니"(벧전 2 : 9) 대단한 존재들이다. 우리는 이런 긍지와 자부심을 갖고 살아가야 한다.

_「씨앗」 2015년 7, 8월호(76호) 중에서

◇ 가까운 분들

1989년도 나는 신대원 3학년으로 졸업반이었다. 부산에서 대학교를 졸업하고 서울에서 신학대학원을 다니면서 서울 구로동에 있는 교회에서 교육전도사로 섬기고 있을 때 나는 다짐을 하였다. 말이 태어나면 제주도로 보내고 사람이 태어나면 서울로 보내라고 하는 속담이 왜 생겼는지 서울에 살면서 깨닫게 되었다. 그래서 서울에서 대학교를 다니지 않은 것이 한스러워서 신대원을 졸업하면 반드시 서울에서 사역을 하고 또 공부를 더 하기 위하여 유학을 가려고 꿈을 꾸고 있었다.

그런데 어느 날 부산중앙교회에 이노균 목사님이 전화를 하셨다. 그 교회에서 전임전도사를 구하는데 부산으로 올 생각이 없느냐고 물어 보셨다. 나는 단호하게 거절하였다. 그런데 목사님께서는 나를 만나기 위해 한번 서울에 올라오시겠다고 말씀하셨다. 그 당시에 내가 전임전도사로 사역하기 위해 준비하면서 가장 많이 기도했던 부분이 인격적인 담임목사님을 만나서 목회를 진면교사로 배우고 싶다는 것이었다. 그런데 전임전도사 한 명을 구하기 위하여 담임목사님이 서울에까지 오시겠다는 그 말씀이 완전히 내 마음을 바꾸어 놓았다. "목사님, 어머니도 뵙고 싶으니까 제가 부산으로 내려가서 목사님을 찾아뵙겠습니다"라고 대답한 것이 영국으로 유학올 때까지 부산중앙교회에서 횟수로 5년 동안 섬기게 되었다.

이노균 목사님을 처음 만났을 때 내가 유학을 가서 더 신학을 공부하겠다는 말에 많은 격려를 해주시며 "부산중앙교회에서 박 목사가 유학을 갈 수 있도록 하나님께서 도와주실 것이다"라고 말씀을 하셨듯이, 사랑하는 성도들의 재정적인 후원으로 유학을 할 수 있었다.

부목사로 담임목사님을 모실 때 참으로 감동을 받은 것은 목사님은 섬세하시고 자상하시며 참 목자로서 모든 일에 솔선수범하셨다는 것이다. 교회의 재정에 너무 투명하셨고, 심지어 종종 성도들의 선물이나 교회 행사 비용을 개인적으로 부담을 하셨고, 교회가 부흥되고 성장되는 일에 꼭 필요한 경비가 지출되어야 하는데 당회나 제직회를 통과해야 되는 복잡한 절차가 있으면 목사님은 사비로 이름도 없이 빛도 없이 지출하시는 것을 아무도 몰랐지만 부목사였던 나는 알 수 있었다.

목사님께서 영어판 QT 책자인 『Our daily bread』 같은 소책자를 우리 교회에서도 발행하시기를 원하셨다. 창간호를 「겨자씨」라는 이름으로 발행하여서 전도용으로 또 목회자들의 설교 인용 자료로 무료 배부하셨다. 늘 학자처럼 연구하기를 즐겨 하셨고, 구역 공부 등 성경공부 교재 등을 직접 만드셔서 성도들에게 영의 양식을 먹이셨다. 이것이 계기가 되어 은퇴하신 후 몇 권의 책도 출판하시고 결국 큰아들과 아버지의 공저로 책을 출판하는 영광을 누리기도 하셨다.

미 문화원 뒤편, 용두산공원 올라가는 자리에 일제 강점기 때 물려받았던 옛 건물이 부산 중앙교회당이었는데 그곳에 주차장도 없고 건물은 낡아서 비가 새고 목조 건물이라서 삐거덕거리는 소리가 요란했다. 목

사님은 이곳의 건물을 팔고 새로운 곳으로 이전하기 위하여 전 교인 40일 특별새벽기도회를 하셨다. 그때 저희 모친과 우리 부부 그리고 2살이었던 은슬이 모두 40일 특새에 개근을 할 정도로 우리는 열심히 기도하였다. 목사님의 목회 비전과 목회철학에 하나님께서 복을 주셔서 새 교회당으로 옮겨갈 멋진 장소를 허락해주셨고 기존의 교회당도 비싼 가격으로 팔렸다.

목회 기간 동안 교회 건축이나 선교 등 큰 프로젝트로 인하여 온 성도들이 영원한 천국에 보물을 쌓아놓을 수 있도록 헌금을 할 수 있는 기회를 주는 것은 아무에게나 주어진 특권이 아니다. 하늘나라 창고에 쌓아놓는 헌신을 할 수 있는 기회가 주어진 것은 이 세상에서는 부담이 되지만 천국에서 그런 기회가 있었다는 것이 얼마나 큰 축복이었는지를 알게 되었다.

목회에 전념할 때 목회자들에게는 가정이 소홀해질 수 있다. 그러나 김사라 사모님의 희생적인 내조와 자녀 교육에 최선을 다하셔서 목사님의 자녀들, 삼남매를 훌륭하게 잘 양육하여 모두 믿음 생활 잘하며 주님의 몸된 교회에서 충성스럽게 섬기고 있는 것을 볼 때, 목사님은 사역에서나 가정적으로나 한이 없이 달려갈 길 다 달려가셔서 의의 면

류관을 받으시고 천국 가서는 먼저 가신 사모님과 성도들을 기쁨으로 얼굴을 맞대고 보며 하나님께 영광 돌리리라 믿는다.

_박종도 목사(런던 레인즈파크 한인교회 담임목사,

1990년 1월~1994년 9월 부산중앙교회 사역)

부산중앙교회의 전통인 신년축하음악회(1991년)

故 이노균 목사님을 밀려오는 그리움으로 떠올릴 때면 늘 하나님 아버지께 겸허히 감사를 드리게 된다. 그것은 나의 부족함을 누구보다 스스로 깊이깊이 절감하기에, 긍휼에 뛰어나신 하나님께서 너무나 좋으신 목사님을 나의

영적 아버지로, 소중한 멘토로 선물해주셨음을 잘 알기 때문이다. 여기 내 작은 기억의 편린들 속에서 반짝이고 있는 목사님과 나눈 따스한 추억들 몇 가지를 떠올려 본다.

"임 전도사님, 나 정말 큰맘 먹고 뽑은 거 알지요?"
신대원 2년째 들어설 무렵 점점 부풀어만 가는 사역자로서의 소명의식과는 반대로, 신문의 청빙공고란을 근심스레 뒤적이며 사역지를 찾던 나의 마음은 잔뜩 움츠려 있었다. "찬양에 은사 있는 자, 1종 면허 소지자, 컴퓨터 잘 다루는 자, 사역 유경험자……" 청빙공고 자격요건 어느 것 하나 갖춘 것 없던 나 자신이 부산중앙교회 전도사가 덜컥되어 첫 사역을 호기롭게 시작할 때 목사님께서 빙그레 웃으시며 나에게 해주신 말씀이다.

"목사는 의리가 있어야 해요. 요즘 목사의 의리는 깡패보다 못할 때가 많아요."
은퇴를 2년 여 앞둔 즈음 목사님께서는 막내 전도사였던 나를 여기저기 함께 데리고 다니시길 좋아하셨다. 횟감이나 아구찜을 사러 함께 장에 가거나, 특별히 즐겨 드셨던 갈비탕을 사주실 때가 많았는데 정말 그 고소했던 갈비

탕의 추억과 함께 목사님께서 뜬금없이 회상하듯 하신 말씀이 지금도 기억에 명징하다.

"하나님의 섭리와 사랑은 정말 놀라운 거 같아요. 이렇게 때에 맞게 서로 만나게 하시고 도움 받게 하시는 걸 보니. 정말 고마워요."

은퇴를 앞두시고도 목사님께서는 모두가 놀라워하고 부러워할 정도로 왕성하게 여러 책들을 집필하셨다. 소요리문답, 신약개론, 구약개론, 자서전, 한국교회 설교사……
사실 목사님께서는 사역하시면서 틈틈이 수많은 자료들을 모으시고 글들을 준비해 오셨다. 아무튼 이때 은퇴준비만으로도 정말 바쁘셨을 텐데 글쓰기의 즐거움으로 인해 무척이나 평화롭고 행복해 보이셨던 거 같다. 그래서 목사님께 미력이나마 도움 되길 기도하면서 나의 부족한 재능과 목사님의 난해한(?) 서체에도 불구하고 목사님의 책들이 잘 편집되게 즐거이 최선을 다하였다. 그래서일까? 평소 사역할 때와는 달리 몰라보게 내 얼굴이 좋아져서 통통해지기까지 하였는데, 이런 나를 물끄러미 보시고는 당신의 크신 사랑에 감히 비할 바 없이 작은 나의 노력들에 고마움을 수차례 이렇게 표현해 주셨다.

"최대한 큰 박스 두 개 가지고 오세요."

목사님께서 뜬금없이 밤에 호출하시면서 하신 말씀이다. '도대체 이 밤에 무슨 일이실까?' 도무지 상상이 가지 않는 궁금증을 간신이 억누르며 허겁지겁 집무실로 박스를 들고 달려갔을 때, 목사님께서는 책장에 가지런히 꽂혀 있는 책들을 가리키며 갖고 싶은 책들을 담아가라고 하셨다. 사실 이날 나는 책들을 도저히 고를 수가 없었다. 목사님처럼 책을 무척 좋아했던 나는 당신께서 소중히 모으신 책들에 대한 애정을 떠올렸기 때문이다. 어쩔 줄 몰라 하며 박스를 들고 엉거주춤 머뭇대고 있는 나를 위해 목사님께서는 가장 좋고 유익해 보이는 책들을 손수 골라 박스에 가득 담아 주셨다. 그후 목사님은 당신의 소중한 책들을 모두 교회에 기증하셨다. 그날 밤 무척이나 무겁게 느껴졌던 책박스와 그 속에 가득 담긴 목사님의 따스한 사랑은 내 서재를 둘러 볼 때면 언제나 또렷이 기억해 낼 수 있다.

"아무에게도 얘기하지 말고 하나님의 때를 조용히 기다려요"

목사님의 은퇴가 점점 가까워 올수록 목사님의 은퇴에 맞춰 교회를 사임하고 싶은 알지 못할 열망이 가득했었다.

마침 뜬금없이 대전의 한 교회로부터 사역 제의를 받고 목사님께 들뜬 목소리로 알려드렸을 때 목사님은 정말 아버지처럼 기뻐하셨다. 하지만 며칠 후 사역 제의가 번복되어 실의에 빠진 모습으로 목사님을 찾아뵈었을 때 목사님께서는 용기를 주시면서 나지막이 이렇게 조언해 주셨다.

"내게 2주간의 기도의 시간을 줘요."

새로남교회에서 평신도 훈련을 감당하던 중, 말씀에 대한 갈증과 고민들로 인해 유학에 대한 열망에 휩싸였을 때이다. 사역의 진로에 대한 확신이 서질 않아 방황하면서 당시 나의 소중한 멘토이셨던 목사님께 전화를 걸어 조언을 구했다. 그때 목사님께서는 뜻밖에도 바로 조언을 주시지 않으시고 이렇게 말씀하셨다. 2주간의 기도 후 들려주신 목사님의 관심어린 조언을 따라 아무런 준비가 없었던 유학길이었지만 담대한 확신을 가지고 떠날 수 있었다.

"임 목사, 우리 그때가 참 좋았지?"

2014년 한국을 방문했을 때 대전 큰아드님 댁에 머무신다는 소식을 우연히 듣고 밤에 목사님을 급히 찾아 뵌 적이 있었다. 위암 수술 후 무척이나 여위신 목사님의 모습을 본 순간 알지 못할 불안감과 함께 나도 모르게 눈물이 주룩 흘러나왔다. 목사님은 수술로 인해 앉아있기에도 정말 힘든 몸을 이리저리 뒤척이시면서도 즐거이 옛 사역의 추억들을 회상하시며 얘기들을 이어가셨다. 그러다가 간간이 하신 이 말씀이 그날 밤 눈시울이 붉은 나를 "영적아들"이라고 친히 불러주신 목사님의 음성과 함께 지금도 내 맘을 따뜻하게 울리고 있다.

"이를 위하여 우리가 수고하고 힘쓰는 것은 우리 소망을 살아 계신 하나님께 둠이니 곧 모든 사람 특히 믿는 자들의 구주시라"(딤전 4 : 10).

_임성은 목사(미 남침례신학교 신약학 박사과정.

1999년 12월~2002년 12월 부산중앙교회 사역)

미국 유학 중 잠시 귀국했을 때 경주에서 목사님과 함께(2010년)

70년도 후반, 제가 10대의 나이로 아르바이트를 할 때였습니다. 목사님은 그때 대구 성광중학교의 영어선생님으로 계셨는데 하루는 뜻하지 않게 점심시간 때 학교에서 주문한 음식을 배달하는 일을 하게 되었습니다. 생전(?) 처음 하는 철가방 배달인지라 음식이 흐르지 않도록 균형을 잡아서 배달하는 것이 너무나 힘이 들었습니다. 그때마다 선생님께서는 어린 나이에 고생을 한다고 하시면서 따뜻한 말씀으로 위로해주시던 그때 그 시절을 저는 아직도 잊을 수가 없습니다.

1년 후 선생님께서 당신의 집을 건축하실 때, 전기공사 시공 관계로 다시 뵐 수가 있었는데 간식을 사주시며 다정하게 대해주시던 인자하신 모습은 지금도 가슴속에 온기로 남아있습니다. 그렇게 선생님과의 교류가 시작되었고 인자하신 모습과 인격적인 말씀으로 변함없이 대해 주시던 모습에 저는 자연스레 전도가 되어서 예수님을 믿게 되었습니다. 지금 가만히 생각해 보니 오늘의 나를 있게 한 것이 선생님과의 만남에서 시작되었던 것 같습니다. 만나 뵐 때마다 영성 깊으신 주옥같은 말씀을 많이 해 주셨는데 그것이 저의 삶에 귀한 영양분이 되었습니다.

목사님이 소천하셨다는 소식을 들었을 때, 내 삶의 한구석이 무너지는 듯한 충격에 휩싸였지만 목사님께서 살아생전에 들려주셨던 사랑의 말씀이 새록새록 생생하게 들리는 것 같습니다. 저도 주의 길을 걸어갈 때 목사님을 만나서 대화하고 또 가끔 전화로서 안부를 드리면 늘 한결같은 마음으로 목회하는데 어렵지 않느냐며 걱정해주시고 도와주시던 그 사랑이 너무나 사무치도록 생각이 납니다.

그리고 이 지면을 빌려서 말씀드리자면 먼저 소천해서 천국에 계신 김사라 사모님도 뼈에 사무치도록 보고 싶습니다. 언젠가 천국에 가면 두 분께서 저를 맞이해 주시겠지요.

_김만섭 목사(안산 해맑은교회 담임목사)

결혼식날. 사모님과 장남 종훈이와 함께(1990년)

10여 년 넘게 같은 학교에서 학생들을 가르치며 함께 교직생활하다가 어느 날 갑자기 무슨 바람이 불었는지, 피차 불혹(不惑)의 40을 훨씬 넘은 나이에도 불구하고 겁도 없이 "우리 같이 신학 공부를 하자"라고 뜻을 같이 해서 시작했던 목회의 길은 참으로 험했습니다.

목사님은 대구서문교회 부목사에서 일약 부산중앙교회 위임목사 임직을 받으면서 본격적인 사역을 훌륭하게 감당했습니다. 하지만 평생 반려자로 함께 했던 사모님을 먼저 하늘나라로 보내야 하는 아픔을 겪기도 했습니다.

2년만 더 목회하면 원로목사로 추대 받게 되는데도, "목사에게 명예가 뭐 그리 중요하냐"라고 하시면서 17년간의 부산중앙교회 당회장 직을 미련 없이 내려놓았던 욕심 없는 순진한 목사님…… 당신은 진정 목사 중의 목사였습니다.

목사님의 사역은 거기서 끝나지 않았습니다. 그 정도로 목회를 했으면 은퇴해서 남들처럼 편안하게 노후를 보낼 수도 있으련만, 목사님은 문서 사역을 시작하면서 「씨앗」지를 만들어서 복음의 씨앗을 전국에 뿌렸습니다.

책 모양은 작고 볼품이 없어도, 목사가 읽어도 재미와 감동이 있고, 초신자나 신앙이 없는 사람이 읽어도 좋고, 짧은 글 속에서도 믿음을 주고, 지혜를 주고, 용기를 주고, 읽을거리가 풍성했던 「씨앗」을 만들기 위해서라도 목사님은 이 땅에 더 오래 머물러 계셔야 했는데…… 이번에 목사님의 글들을 정리해서 출간하게 되어 기쁘고 축하드리며, 천국에서 먼저 가신 사모님 만나서 부디 행복하세요.

_임진곤 목사(성광중·고등학교 동료교사, 총신신대원 동기)

총신신대원 졸업식. 중앙의 이노균 목사와 본인(1983년)

목사님은 지금 제가 목회하고 있는 교회를 개척하기 전에 목회하던 교회 예배에 2년 남짓 함께 해주셨습니다. 그리고 제가 2011년 7월에 교회를 개척하고 개척한 그 해 9월에 목사님은 노후를 보내시던 집 거실을 예배실로 제공해 주셨습니다. 2014년 3월에 위암 수술 후 장남이 사시는 대전으로 이사 가시기 전까지 당신의 집을 저희 가정과 교회가 함께 쓸 수 있도록 해 주신 것이었습니다.

언젠가 목사님은 그 만남의 기간에 목사님과 저의 만남의 의미에 대해 제게 이렇게 말씀하신 적이 있었습니다.

"하나님께서 나를 그 교회(개척하기 전 교회)에 보내신 것은 오늘 이 때를 위해서였던 것이라 생각합니다."

그 말씀을 듣는 순간 저는 구약성경에 나오는 요셉의 증언(창세기 45:8)이 생각났고 그리고 그때 목사님의 그 한 마디는 제게 얼마나 가슴 벅찬 감동이 되었는지 모릅니다.

목사님의 삶은 「씨앗」의 부제 '용기를 얻고 도전을 받는 이야기' 그 자체였다고 생각합니다. 먼저 믿음을 강조하셨고, 항상 긍정적이며 적극적인 생각과 말과 행동으로 본을 보여주셨고 겸손과 순전함과 유머가 있으셨습니다. 목사님은 분명히 저의 삶과 신앙과 목회의 스승이셨습니다.

_안경철 목사(경주 주향교회 담임목사)

경주 주향교회 교우들과 함께(대문 기둥에 교패를 단 후)

이노균 목사님은 내가 청년 시절을 지낼 시기에 모교회
의 담임목사로 부임해 오셨다. 당시에 나는 유치부 교사로
봉사하고 있었는데 그림에 재주가 있었던 나는 내가 사용
할 시각자료를 늘 직접 그리곤 하였다. 그림 중에 가장 많
이 그렸던 얼굴은 예수님의 얼굴이었는데 어느 날 유치부
주일학교 학생으로 있던 내 조카가 목사님을 보더니 갑자
기 "아! 예수님이다!"하고 소리치는 것이었다. 그날뿐만이
아니라 그 후로도 집에만 오면 "이모, 나 오늘 교회에서 예
수님을 봤어요"라는 것이었다. 처음엔 그 말이 이해가 안

됐었는데 나중에 보니 내가 그린 예수님의 얼굴과 목사님의 얼굴 이미지가 너무 비슷하여 당시 많은 유치부 아이들이 그렇게 느꼈다는 것을 알게 되었다. 그러다 보니 그렇게 비슷하게 그려진 것이긴 했지만 목사님께서는 인격과 성품뿐만이 아니라 표정과 모습에서도 예수님과 닮은 삶을 통째로 보여 주셨던 분이셨다.

목사님께서 부임해 오시던 그 해에 나는 부산에 있는 부산장로교신학교에 입학을 하였는데 목사님께서는 그 이듬해부터 신학교에 강의를 나오셨다. 수업을 시작하기 전에 이미 전도사로 시무하고 있는 학생들의 이름을 일일이 손수 부르시곤 하셨는데, 어느 전도사님이 이름을 부르는 순간 문을 열고 들어오면서 대답을 아주 씩씩하게 "네"라고 하면 목사님께서는 그 목소리에 화답해 "세이프"라고 외치곤 하셨다. 이 내용이 글로만 보기엔 별 재미없이 느껴지지만 그 개구지기까지 했던 목소리와 표정이 지금도 생생하게 기억에 남는다. 목사님께서는 수업을 하실 때마다 적절한 유머와 재미있는 예화로 항상 화기애애한 분위기로 바꾸어 주시곤 하셨고, 또한 그 가르침은 우리 학생들을 끄는 묘한 매력이 있어서 당시 신학교 학생들은 목사님과의 수업을 모두가 다 좋아하게 되었다.

매주 금요일에는 부산중앙교회에 구역장 권찰 성경공부가 있었다. 목사님께서는 구역장 권찰 성경 공부를 위해 처음에 구약개론을 쓰셨고, 이어서 신약개론, 그리고 이어서 구약사, 신약사를 직접 저술하여 가르치셨는데 나는 금요일에 중요한 수업이 없으면 아예 교회로 와서 그 강의를 듣곤 하였다. 들으면 들을수록 재미가 있을 뿐 아니라, 학교에서 들었던 어느 교수님의 성경강해보다 유익하여서 혼자 듣기엔 아까운 마음이 들었다.

그러던 어느 날, 같은 학급의 전도사님들께 이런저런 성경강해가 있는데 같이 가겠냐고 제안을 했더니 처음엔 몇몇 전도사님들이 나를 따라나서서 그 성경공부에 참여하게 되었는데 점점 참여 학생들이 늘어 가면서 급기야는 당시 우리 한 학급은 물론이고, 다른 반 학생들까지 참여하게 되어 신학교의 한 과목을 통째로 교회로 옮겨 듣는 듯한 상황을 방불케 하였다. 심지어는 학교에서 그 사실을 알고 우리 학생들에게 자제를 요청할 정도였다. 우리도 그 시간들이 아주 행복했지만 강의하시는 목사님께서도 뿌듯해하셔서 우리들 사제 간이 더욱 돈독해지는 가교 역할을 해 주었다.

당시에 배웠던 신·구약 성경공부에 대한 내용과 교재는 햇병아리 전도사들의 교회 성경공부용으로 크게 히트를 쳤고, -당시 많은 전도사님들이 그 교재와 강의로 인해 교회에서 실력을 인정받았다고 고백했다. - 2001년에 캄보디아 선교사로 나와서 사역하고 있는 나는 또한 캄보디아 선교사들에게 이 교재를 소개하여 급기야는 캄보디아어로 번역을 하여 많은 선교사들이 교회에서 신·구약 성경을 이해시키는 자료로 사용하곤 하였다.

목사님께서는 당시 햇병아리 신학생이었던 나를 참 사랑해 주셨고, 미미한 재주였지만 하나님으로부터 부여받은 여러 가지 달란트를 인정해 주셨다. 그래서 신학교 재학 중에 교육전도사로 채용하고 싶어 하셨지만 모교회에서 어렸을 때부터 자란 청년이 전도사가 된다는 것이 쉽지 않아서 결국은 타 교회 전도사로 나갈 수밖에 없었다. 아쉬운 마음에 눈물 흘리며 전도사로 첫 발을 디디러 나가던 날 "정 선생은 내가 반드시 다시 부를 터이니 가서 잘 배우고 있다가 부르면 반드시 돌아와야 한다"라고 다짐해 주시며 가는 길을 축복해 주셨다. 하지만 목사님의 목적은 계속 당회에서 부결되어 결국은 선교사로 나가기까지 모교회로 돌아가지 못 했다.

뿐만 아니라 선교사로 나간 후에도 다시 부산중앙교회의 파송 선교사로 세우고 싶어 하셨지만 그 또한 쉽지 않은 일이라 결국은 부산중앙교회를 떠난 이후 늘 마음만 교회로 달려가며 25년이란 세월이 지나 버렸다.

잠시 한국을 방문했던 2015년 9월이었다. 목사님께서 꼭 만나고 싶어 하신다는 소식을 듣고 바쁜 중에 부랴부랴 달려가 부산역에서 잠시 뵌 적이 있었다. 수술을 하신 뒤라 식사하기도 힘드셔서 많이 여위셨지만 팔순의 노구에도 불구하고 마지막 소원을 향한 뜨거운 열정의 눈빛이 여전히 빛나고 있었다. 그 소원은 하나님께로 가기 전에 정말 뜻있는 일을 하고 싶어 캄보디아에 병원이 없는 오지 마을을 택하여 가족들의 이름으로 무료진료소를 세우고 싶다고 하셨다. 그리고 그곳에 교회도 세워지고 학교도 세워지면 좋겠다고 하셨다. 꼭 그 일이 속히 이루어져 목도

하기를 원한다고, 그 일에 도움을 간곡히 요청하시곤 손을 흔들며 플랫폼으로 들어가신 모습이 내가 간직할 수 있는 마지막 모습이다. 그렇게 간절히 원하시던 일이 건강하셨을 때, 좀 더 일찍 시작되지 못한 것이 못내 아쉽다.

그리고 편찮으신 중에도 목사님의 저서에 친히 써서 보내주신 글 '존경하는 정순영 선교사님 혜존', 나는 이 책을 받고 더 이상의 말이 필요 없을 만큼 더욱더 목사님을 존경하게 되었다. 이 말은 그 오랜 세월 목사님께 배웠던 그 모든 가르침과 함께 나를 평생 겸손하게 만들어 줄 것이다.

김사라 사모님은 내가 40여 년 신앙생활을 하면서 알고 지냈던 사모님들 중 가장 존경했고, 또한 많은 사랑을 주셨던 분이시다. 나는 손에 다한증이 있어서 긴장을 하거나 날이 좀 덥거나 하면 손바닥에 물이 고일 정도로 손이 축축해졌다. 그래서 누군가가 손을 잡으려고 하면 기피하는 습관이 있었다. 사모님과의 관계에서도 예외는 아니었다. 항상 손을 잡아 주시곤 했는데 그때마다 나는 손을 빼며 "손에 땀이 나서 축축해요"라고 하며 죄송한 마음을 보였다. 그럴라치면 사모님께서는 내 손을 다시 낚아채듯 당기시면서 "이 손이 어떤 손인데요? 아무나 할 수 없는 하나님의 일을 그렇게 많이 하는 손인데요……. 너무 귀한 손이

목사님 부임 때 내가 만든 강대상 환영 포스터(1986. 12. 23)

에요" 하시면서 오히려 내 손의 땀을 닦아 주시곤 하셨다.

그렇게 사랑이 많으신 사모님께서 많이 아프셔서 병원에 오래 입원하여 계신다는 이야기를 듣고 전도사로 늘 바쁘게 시무하던 중에 겨우 시간을 내어 병문안을 갔다. 그런데 그날따라 병문안이 금지되어 있다고 들여보내주지를 않았다. 나는 '다음에 또 기회가 있겠지' 하고 아쉬운 마음으로 돌아섰는데 결국은 그 인자하신 모습을 한 번 더 뵙지 못한 채 영영 이별을 하고 말았다……. 20여 년이 가까워 온 지금에도 그때 강청하여서라도 병실로 들어가 생전의 모습을 뵙지 못 했던 것이 큰 아쉬움으로 남는다.

_정순영 선교사(부산중앙교회 출신, 현재 캄보디아 호산나학교 사역 중)

이노균 목사님과 첫 인연을 맺은 것은 1993년 부산중앙 교회의 선교사 협력 후원을 받으면서 부터이다. 저희 가족 과의 만남은 1995년 큰아들이 급성간염으로 치료하러 일시 귀국했을 때 목사님께서 교회 집사님이신 간 전문 의사의 치료를 받을 수 있도록 배려해 주심으로 이루어졌고, 이듬해 4년 만의 첫 귀국 때 목사님을 처음으로 만나 뵐 수 있었다.

그리고 단기 선교팀을 보내주셔서 함께 북부 루존 이푸 가오 지역 현지 교회를 돌아보며 교제할 수 있는 시간을 가질 수 있었다. 그 뒤 목사님께서 김희재 장로와 함께 필 리핀에 오셔서 직접 이푸가오 지역을 방문하셨고 산 속에 있는 끼앙안 교회의 형편을 보시고 예배 처소를 위한 건축 헌금을 지원해주셨다. 그때 목사님께서 당뇨로 건강이 좋지 않으셨음에도 불구하고 찌푸니에서 차에서 내려 2시간 이나 산을 오르는 험한 길을 끝까지 올라가셔서 동행한 김 희재 장로의 마음을 졸이게 하였지만, 끼앙안 교회를 건축 하게 하신 하나님의 인도하심이었음을 나중에야 깨닫게 됐다.

평신도 선교사로서 사역의 한계를 느끼고 더 폭넓은 사 역을 위해 신학 공부를 위한 미국 유학의 비전을 품고 기도를 하고 있었을 때, 하나님께서 이 목사님을 통해 3년간 학비를 교회 내 권사님을 통해 주선해주심과 파송교회(당시 조성국 목사님)의 생활비 지원을 통해 이루어 주셨다. 늘 감사한 마음으로 기대하심에 어긋나지 않도록 사역에 성실히 임하고 있다.

내 신앙생활과 목회에 두 분의 멘토가 계신데, 고등학교 졸업하던 해 울산대영교회에 부임해 오신 조성국 목사님과 선교사가 된 뒤 만나게 된 이노균 목사님이시다. 두 분이 서로 닮은 점이 많으셨는데, 두 분 모두 말씀이 많지 않으셨지만 신앙 인품과 삶에서 보여주신 교훈을 눈으로 보고 마음으로 읽을 수 있었던 분이셨다. 청빈한 삶과 인자하시면서도 복음에는 조금의 양보도 없으신 꼿꼿한 분들이셨다. 억울함이나 도움도 인간의 방법에 의지하지 말고 참고 기도하면 시간이 걸려도 하나님께서 해결해주신다고 하시면서 몸소 그러한 삶을 통해 모범을 보여주셨던 분이셨다. 늦은 나이에 시작한 목회의 길을 늘 격려해주셔서 감사하며 두 분을 닮기를 소원하고 있다.

내가 기억하는 이노균 목사님은 깔끔한 성품으로 소탈하시고 겸손하신 분이셨으나 본인은 스스로 관리에 철저하셨고 끊임없는 연구로 자신을 계발하신 열정과 추진력을 소유하신 분이셨다. 유고를 남기시기까지 글 쓰시기를 중단하지 않으셨던 열정은, 뒤늦게 비슷한 시기에 신학을 공부하고 선교 목회를 시작한 저에게 많은 도전과 본이 되심으로 용기를 주셨지만, 지금 그런 목사님의 삶을 따르지 못하고 있는 열정이 부족한 내 자신이 종종 부끄러울 때가 있다.

은퇴하신 뒤에도 자택을 개척 교회 예배 처소로 내어 주시고 동역하시던 열정의 모습을 통해 은퇴를 앞둔 내가 할 일이 무엇일까, 많은 교훈을 얻기도 했다. 은퇴하신 뒤인 2005년 봄, 샬롬 루삐 교회 청년들과 잠시 한국을 방문했을 때 선교의 열매인 청년들을 만나 보시겠다고 하시며 손수 선물을 준비하셔서 경주박물관까지 찾아오셨던 목사님의 겸손하신 성품과 풋풋한 사랑은 선교의 열정으로 내 마음에 깊이 새겨져 있다.

지난 2011년 9월 샬롬 삐삐안 교회당 헌당 예배 강사로 오셨을 때, 세 분 여동생 분들과 함께 선교지를 방문해 주셨는데 오랜만의 기적 같은 가족 나들이라 좋아하셨던 모습이 지금도 생생하다. 그런데 귀국 때 날씨로 인해 항공편이 취소되어 마닐라까지 11시간 가까이 버스 편으로 이동하시게 하신 일이 얼마나 죄송하던지…… 그 뒤에 암수

여동생 세 분과 필리핀 선교지 방문 때(2011년)

술을 하시게 되어 그 일이 지금도 마음에 걸린다.

얼마 전 전화로 "내가 10년만 젊었어도 선교사님과 함께 멋진 선교를 추진해보겠는데⋯⋯"하시며 아쉬워하셨는데, 부족한 나를 신뢰하시며 격려해주시는 말씀으로 받아들이고, 더욱 자신감을 갖고 이노균 목사님처럼 끝까지 복음에 대한 열정을 주님께 대한 사랑으로 나의 삶도 마무리하여야 하겠다는 다짐을 해 본다.

_남기태 목사(GMS 필리핀 선교사)

1988년 3월 10일 모친이 소천하시면서 믿는 가정의 자식으로 어머니의 임종과 생전의 뜻을 못 헤아렸다는 질타 같은 하나님의 음성을 듣고 그때부터 열심히 교회를 출석하게 되면서부터 이노균 목사님과의 인연이 시작되었다. 이후 목사님께서는 분에 넘치도록 사랑을 주셨고, 나 또한 열심히 교회를 섬기게 되었다.

목사님은 삶 자체가 인자하신 품성과 소박하시고 자신을 스스로 낮추시며, 때로는 목사님께서 부교역자도 없고 사찰도 없으면 교회에서 주무시며 사찰일까지 감당하셨다는, 농담과 웃음 섞긴 말씀이지만 그 속에는 진담이 내포되어 있는 말씀이 기억이 난다. 목사님은 혼자서 1인 3, 4역을 감당하셨기에 종종 너무나 힘들어서 「내일 일은 난 몰라요 하루하루 살아요」라는 찬양을 애창하셨다고 자주 말씀하셨다.

목사님은 힘들고 어려워하는 사람들을 보면 마음 아파하시며 위로와 희망의 말씀을 아끼지 않으셨고, 학비가 없어 대학을 포기하는 학생들에게 자신의 사례비를 털어 공부할 수 있는 기회를 자주 마련해 주셨으며, 저희 어머니가 소천하셨을 때 위로예배를 드리고 난 후 20평 남짓한 집에서 7명의 식구가 사는 대(大) 가족을 보시고 애처로워 마음이 아팠다고 훗날 이야기하신 것이 기억난다. 그 후 좀 더 넓은 27평 집으로 이사하고 입택예배를 드리게 되었을 때 목사님은 우리들보다 더 기뻐하시던 모습은 지금도 잊을 수가 없다.

목회자의 간절한 기도제목이요, 소원이라면 성전을 지어 봉헌하는 것이 최고의 목회 사역 중 하나라 생각한다. 우리 이노균 목사님도 예외가 아니다. 그때 우리 교회(대청동 시절) 건물은 말할 수 없이 시설이 낡았고, 비가 오면 천장에서 비가 새는 일제 시대에 지은 목조 건물이었다. 그리고 자동차 한 대 주차할 수 없어 주일에는 성도들이 교회 주변 이면도로에 주차했다가 벌금 스티커 받기가 일쑤였다.

두 차례의 건축헌금도 하였고, 뭔가 해결의 실마리가 보일 것 같으면 그때마다 문제가 발생되어 부지 매입이 좌절되곤 했다. 몇 차례 그런 일들이 벌어진 후 목사님께서 최후의 결단으로 전교인 40일 특별새벽기도회를 선포하셨다.

그때 출석 교인들은 새 성전을 세우기 위한 부지 매입에 너무나 갈급한 심령에서 그런지 젊은 어머니들은 아기를 업고 데리고 출석하였으며, 모든 성도들이 하나가 되어 성전을 세워야겠다는 뜨거운 마음이 역력했다. 다음 날은 태풍이 온다는 일기예보에 성도가 많이 출석하지 못할 것으로 생각했으나 첫날보다 더 많이 출석하여 본 교회 설립 이래 이와 같은 뜨거운 새벽기도회는 전무후무한 일이라 감히 이야기해 본다.

이런 열기가 40일 동안 지속되었고, 그 결과 현재 남천동 교회 부지를 40일 특별새벽기도회 3일을 남겨놓고 매입하게 되었다. 목사님은 성전 건축 기간에 하루도 빠짐없이 현장에 가 계셨고 기도로 함께하셔서 지금 이 글을 쓰면서도 그 때의 목사님께서 감격하며 기뻐하시는 모습은 지금도 잊을 수가 없다.

2015년 봄, 대전에서 목사님을 뵈었을 때 목사님의 서재에 새 성전 모형도가 있는 것을 보았다. 그 모형도는 1993년 제작해 목양실에 비치해 두셨다가 은퇴 후 그때까지 소지하고 계신 것은 목사님의 혼이 담겨 있는 사랑하고, 아름다운 교회임을 상기시켜 주셨다. 그때 목사님께서 "나는 하늘나라에 가면 우리 교회 성전을 어떻게 해서 세우게 된 것인지 과정을 한 번 말씀드리고 싶다"라고 하신 말씀이 기억이 난다.

목사님은 2000년 어느 주일 대예배 때 말씀을 전하시는 과정에서 66세에 조기 은퇴하겠다고 공포하셨다. 이유는 내가 할 수 있는 일을 다 하셨다는 것이었고, 교회 발전을 위해 젊고 능력 있는 새로운 목사가 와야 한다는 것이었다. 이 말씀에 성도들은 아무 생각 없이 멍하니 무반응으로 바라볼 뿐이었다. 이 내용은 부산 전 교계에 퍼져나가게 되었고, 어떤 목사는 "우리는 어떻게 하라고" 하면서 취소하시라는 이야기도 있었다고 했다.

또한 총회법에 70세인 정년을 본 교회 정관에는 '시무 장로의 정년은 만 65세로 함이 바람직하다'라고 실리게 되었고 현재 담임목사님도 부임 시 65세에 은퇴하겠다고 선언한 바 있다. 그러면서 어느 유명한 장로는 이노균 목사님을 "이 시대 가장 신실하고, 양심적인 목사"라고 평하기도 했다.

담임목사의 조기 은퇴는 자칫 교회 안에서 혼란을 초래할 수도 있었지만, 목사님은 이런 문제점을 예측하셨는지 예고 없이 주일 설교 시간에 조기 은퇴를 해야 한다는 뜻을 은혜롭게 메시지와 함께 합당한 말씀으로 전하셨다. 하지만 그동안 함께한 많은 성도들은 마음 아파했고, 목사님이 사모님을 먼저 보내시고 목자의 길을 외롭고 쓸쓸하게 홀로 걸어오신 사역을 마감하고 떠난다는 생각에 마음 아파하는 성도들이 대다수였다.

목사님은 은퇴하시면서 당회에 남긴 말씀이 있었다. 내용인즉 당신께서는 늦게 신학을 하시고 목사가 되신 후 목자로 시작과 끝이 부산중앙교회이고, 시무하시면서 교회에 대한 사랑과 애착이 너무 깊어 은퇴 후 한 달에 한 번이나 두 달에 한 번이라도 축복기도를 할 수 있도록 배려해 주었으면 감사하겠다는 말씀이었다. 그러나 당신께서는 그런 것들이 새로 부임하는 목사에게 그리고 성도들에게 덕이 되지 않는다는 이유로 포기하고 경주로 이사해 그곳에서 사시다가 새로 지으신 집을 개척 교회가 사용할 수 있도록 대여해 주셨다.

은퇴예배는 참석한 모든 성도들과 가족들의 눈물의 은퇴식이 되었다. 성도들을 대표하여 성가대원들이 마음을 담아「오 신실하신 주」를 부르며 장미꽃 한 송이씩을 목사

은퇴예배 때, 목사님께 장미꽃을 전달하며, 「오 신실하신 주」를 불러 드렸다.
(2002. 12. 22)

님께 전달했다.

　은퇴식을 마친 후 전 교인들과 함께 본당 뜰에서 기념 촬영을 하시고 떠나셨다. 떠나시는 뒷모습을 보면서 그동안 함께한 일들이 주마등처럼 스쳐갔다. 제일 먼저 떠오르는 것이 먼저 하늘나라로 가신 김사라 사모님의 말씀이 강하게 떠 올랐는데 그때의 심정은 착잡한 마음 금할 길 없었다.

　김사라 사모님이 간암 말기 선고를 받고 사모님의 형부가 병원장으로 계시던 전남대학병원에서 치료를 받으시던 중 더 이상 현대의학으로 치료가 불가능하다고 판단해 마산 벧엘기도원에 계실 때, 사모님이 나를 부르시더니

"우리 목사님 잘 부탁합니다"라고 하신 말씀이 지금도 귓전에서 가시지 않는다.

그리고 이 글을 쓰면서 그동안 받은 은혜를 생각하면 너무나 부족했고 불충한 것 밖에 없음을 고백하면서, 좀 더 잘 했어야 했는데 하는 아쉬움이 많이 남는다. 이제 목사님은 이생에서 더 이상 뵈올 수 없지만, 남겨주신 아름다운 사랑은 영원할 것이다.

목사님 사랑합니다.

_김희재 장로(부산중앙교회 은퇴장로)

생명의 역사가 「씨앗」이라는 한 권의 작은 책 속에 들어 있는 수백 수천 개의 씨앗들을 통해 일어나고 있습니다. 자살을 시도했던 사람이 이 작은 씨앗 하나로 다시 마음을 다잡았다는 이야기를 들었습니다. 절망 중에 있었던 사람이 이 작은 씨앗 하나로 다시 일어나는 것을 보았습니다. 씨앗 속에 있는 호흡의 역사로 인공호흡기를 떼는 것을 보았고, 씨앗의 능력이 중환자실의 거친 숨소리들을 조절하고 있는 것도 보았습니다. 씨앗 한 알이 일으키는 하늘의 온기가 두려움과 공포와 떨림의 차가운 수술대를 감싸 주기도 했습니다. 씨앗의 힘은 의학, 그 위에 역사하는 하늘 바람이었습니다.

"또 비유를 들어 이르시되 천국은 마치 사람이 자기 밭에 갖다 심은 겨자씨 한 알 같으니 이는 모든 씨보다 작은 것이로되 자란 후에는 풀보다 커서 나무가 되매 공중의 새들이 와서 그 가지에 깃들이느니라"(마태복음 13 : 31~32).

_송우용 목사(연세대학교 강남세브란스병원 원목)

────────

목사님, 안녕하세요!

저는 천안교도소에 수감 중인 44세 ○○○ 입니다.

다름 아닌 목사님께서 발간하고 계신 씨앗지 11, 12월호를 받아서 읽었습니다. 너무나도 저의 맘을 치유하고 저의 죄를 바로 볼 수 있도록 해 주심에 감사편지를 쓰고 있습니다. 씨앗은 제 맘에 쏙 들어오는 책입니다.

목사님, 저도 교도소 생활 잘하고 나가면 예수 그리스도의 제자, 하나님께 칭찬받는 믿음의 일꾼이 될 수 있도록 기도해 주십시오.

* 작은 욕심이 있다면 목사님 사진을 받고 싶습니다. 새사람이 될 수 있도록 기도해 주세요.

_2013년 10월 30일 천안 교도소 ○○○ 목사님께 올립니다.

────

목사님께 드립니다.

목사님 안녕하셨습니까? 무척 오래간만에 뵙겠습니다. 청주 여자 교도소 ○○○○ 번 ○○○ 입니다.

세월은 하염없이 흘러갑니다. 목사님께서 저에게 성경책 보내주신 때가 엊그제 같았는데 벌써 2년이 넘은 것 같습니다.

저는 이곳에서 하나님 말씀과 기도로 잘 지내고 있습니다. 지금 15년째 살고 있습니다. 저는 이제 사회에 나가면 하나님 일하다가 아버지께서 부르시면 아버지 곁으로 가는 게 제 소망입니다. 주님이 함께 하시기에 이곳의 삶도 잘 감당하며 살 수 있지 않나 생각됩니다. 목사님 부디 몸

건강하시고 성령 충만하세요.

　* 목사님 씨앗지가 오긴 오는 것 같은데 제 손에 들어오지가 않습니다. 목사님 씨앗지 보고싶습니다. 그리고 목사님! 우리 운동장에서 채취한 담쟁이넝쿨입니다. 우리 운동장에 소국화 꽃이 만발했어요.

　목사님 안녕히 계세요.

　_2013년 10월 24일 목요일 ○○○ 올림

　　▬▬▬

　생전에 뵙지는 못하였지만 글을 통하여 목사님을 존경하는 부족한 사람이 가슴을 쓸어내리면서 조사를 씁니다.

　제가 목사님을 알게 된 것은 씨앗지를 통해서 입니다. 2011년 8월 분당 서울대병원에서 암(癌) 수술을 받던 날 새벽, 기도하러 원목실에 들렀다가 얇고 작은 책 씨앗지를 처음 손에 쥐었는데 바로 끝 페이지까지 읽고서야 놓았습니다. 실로 마력(魔力)이 있는 책이라고 할 수 있었습니다. 그 안에 들어있는 용기와 도전, 꿈과 인내, 기도와 위로 덕택에 수술을 무사히 마치고 입원실로 돌아와서 씨앗지를 접할 수 있게 하신 하나님께 감사기도를 드렸습니다. 그

후 지금까지 5년간에 씨앗지를 애독하고 있습니다.

목사님께서 2015년 11월 19일 소천 하셨다는 소식을 씨앗지 2016년 1~2월호를 통하여 매우 늦게 접하고 애도 (哀悼) 하다가 나도 모르게 붓을 잡았습니다. 내가 이렇게 몸을 떨며 슬퍼함은 용기와 도전의 글을 계속하여 읽고 싶은 욕심에서만은 아닙니다. 주변을 아무리 둘러봐도 당신처럼 한 치의 펜 끝으로 현기증 나는 삶을 안심시킬 촌철살인(寸鐵殺人)의 말씀을 전해주실 분이 없기 때문입니다.

이제 님은 가셨습니다. 평범함 중에서 비범함을 보여주신 님은 가셨습니다. 세상에 왔다가 그냥 가는 뭇 사람들이 아니고 용기와 도전의 씨앗을 힘써 뿌리고 가셨습니다. 그 씨앗이 싹이 나고 자라서 열매를 맺고 그 가지에서 새들이 지저길 것이며 나그네가 그늘에서 쉬어갈 것입니다. 이제 편히 쉬시기 바랍니다. 시대의 스승을 배출한 자랑스러운 마을 흥해에 들리고 즐기시던 칼국수도 대접하고 싶었는데 이제는 접어두고 아쉬워할 수밖에 없군요. 목사님 고이 잠드소서.

_임칠호 장로(안양제일교회 장로, 시인)

◇ 가족

내가 매주 목요일 나가는 아주대병원 원목실 한편에는
「씨앗」이 꽂혀져 있다. 아주대병원 병실을 다니며, 환우와
가족들에게 온누리교회 병원 전도팀은 사영리로 복음을
전하고 「씨앗」을 꼭 한 부씩 드린다. 복음에 거부감을 표
현해도 「씨앗」은 환우들이 거부감 없이 읽을 수 있는 책자
이기 때문이다. 병원에는 장기입원 환우 분들도 많으신데,
그분들은 「씨앗」부터 달라고 성화이시다.

우리들은 외삼촌이 소망하셨던 「씨앗」이 복음의 접촉
점이 되길 간절히 소망하며 드린다. 그때마다 힘들게 씨앗
을 만드셨을 외삼촌의 사랑과 애씀이 느껴졌다.

언젠가 여름휴가를 맞이해서 친정 경주에 갔을 때, 외삼
촌의 전화가 왔다. 휴가를 외삼촌 집에서 보내라고…… 옥

외삼촌, 이모, 사촌들 가족과 함께(2013년)

수수, 감자를 삶아 놓았으니 얼른 오라고. 더운 여름, 조카네를 기꺼이 초대해주신 그 사랑의 맘이 감사했지만, 폭염에 민폐를 끼칠 것 같아 가지는 못 했다. 지금 생각해보면 그 감사한 사랑의 초대에 응하지 못한 게 참 맘에 걸린다.

외삼촌은 사랑이 많으시고 늘 유쾌한 분이셨다. 맘이 힘들고 지칠 때, 외삼촌과 이런저런 얘기를 나누다 보면, 걱정은 온데간데없고 내 맘엔 그 문제를 다스리시는 예수님이 보이곤 했다.

'배우든지, 가르치든지' 외삼촌의 삶에는 이 두 가지 모습이 항상 공존하셨다. 끝없이 예수님을 알기 원하셨고 또한 그것을 기꺼이 가르치시길 즐거워하셨던 나의 외삼촌…… 그 선하시고 환한 웃음을 이제 이 땅에서는 볼 수 없지만, 외삼촌이 일평생 지향하셨던 그 맘을 살아있는 동안 삶으로 살아내고 왕의 군대로서 일어나 빛을 발하길 다짐해본다.

_정혜숙(조카, 수원 온누리교회 안수집사)

━━━━━

외삼촌을 생각하면 '온화한 미소'가 떠오른다.

꼬마였을 때 꽤 긴 기간 외삼촌댁에서 지낸 적이 있었다. 인자한 외할아버지 같으셨던 외삼촌은 그 특유의 온화한 웃음으로 까불대고 재잘거리는 꼬마 조카의 응석을 장난스럽게 받아주셨다. 그 옆엔 환하게 웃으며 과일을 깎으셨던 외숙모. 아직도 그 장면이 풍경화처럼 30여 년이 흐른 지금도 내 머릿속의 '외갓집'으로 선명하다. 두 분은 늘 그렇게 무언가에 대해 나누며 웃으셨는데 그 모습이 잊히질 않는다.

_최윤영(조카, 전 MBC 아나운서, 사랑의교회 집사)

외삼촌 자서전 출판기념회 때 이모들과
사회를 보는 나(2003년)

내겐 이 세상 단 한 분뿐이신 유일하신 외삼촌!

외삼촌은 영성, 지성, 외모, 인품 모든 면에 완벽하신 어
느 하나 빠짐이 없으신 분이셨다. 외할머니 다음으로 외가
의 가장 어르신으로 기억 속에 없는 외할아버지의 빈자리
를 채워주신 따뜻하고 사랑이 많으신 분이셨다. 목회의 뒤
를 따른 조카들(본인, 김은삼 목사, 김정산 목사)에게 자상하고 세
밀함으로 필요한 부분들을 채워 주시기 위해 애를 써 주셨
다. 더 큰 하나님의 은혜의 손길을 느끼게 해 주셨고 감동
을 선사해주셨다. 목회의 뒤를 이어갈 까마득한 후배 조카

들에게 롤모델이 되어 주셔서 너무나 고맙고 감사하다.

존경하며 감히 그 발자국을 따라가보려 한다.

_김이향(조카. 광림교회 전도사)

흥해 집에서 외할머니 회갑 때(1974. 9. 16)

사랑하는 오라버님께서 부산중앙교회를 은퇴하신 후 경주에서 10여 년간 함께 지내온 시간들은 하나님께서 내게 주신 아주 특별한 선물이었다. 아버지를 일찍 여읜 나에게 있어 오라버님은 언제나 따뜻한 아버지셨다.

나는 막내로 오빠와는 22살의 나이 차이가 난다. 내가 대학을 입학하였을 때 오라버님께서 내 등록금을 내려고

오라버님은 선산을 새롭게 가꾸시고 돌비(막벨라 동산)를 세우셨다.
(2008. 4. 6)

학교에 가셨더니 담당 관계자께서 "따님이 참 이쁘네요"
하시더라는 말씀을 내게 여러 번 들려주셨다.

　오라버님께서 은퇴 후 경주로 오셔서 남편이 원장으로
있는 아세아 정형외과 원목으로 지내시면서 아침마다 병
원 채플을 인도하셨다. 매일 진료하기 전 20분간의 짧은
채플을 위해 이른 아침부터 준비하며 예배 시간에 맞추어
오는 것이 얼마나 힘드셨을까마는 말씀을 사모하는 직원
들의 모습을 보며 최선을 다하셨다. 그동안 신앙의 가정에
서 태어나 지금까지 수많은 목사님들의 설교 말씀을 듣고
자라왔지만 아침마다 듣는 오라버님의 성경강해 말씀은
참으로 한번 듣고 지나기 아까울 때가 많았다. 그래서 두

고두고 음미하려고 언제부터인가 녹음하기 시작하였다. 하나님의 뜻이 있어 늦게 신학공부를 하는 지금 오라버님의 오랜 신앙 경륜에서 나온 성경강해는 참으로 내게 큰 힘이 되고 있다. 뿐만 아니라 남편(이종열 장로)과 병원 직원들도 아침마다 드리는 예배를 통하여 신앙이 한층 더 성장해 가고 있었다. 어쩌다 며칠간 목사님께서 출타하실 때면 목사님 언제 돌아오시느냐고? 다들 궁금해하며 말씀 듣기를 사모하곤 하였다.

뿐만 아니라 본인이 설립한 '두나미스 워십 선교센터'의 지도목사로 워십팀의 성경공부를 인도해 주셨는데, 반응이 너무 좋아 부부가 함께 듣게 해달라는 요청이 쇄도해 교회에 잘 나오지 않던 의사, 변호사 남편 등 6쌍의 부부로 구성된 성경공부팀을 3년 동안 한주도 빠지지 않고 지도해 주셨다. 결국 아내에게 끌려 나온 남편들은 변화되어 술, 담배를 끊은 것은 물론이고 장로로 안수집사로 큰 일꾼이 되기도 했다.

이렇게 준비된 한 목자를 통하여 차지도 덥지도 않던 미지근한 신앙인들을 충성스러운 일꾼들로 바꾸어놓으셨다. 오라버님께서 은퇴 후 경주에 살게 되신 것은 경주에 있는 수많은 영혼들을 구원의 길로 인도하시기 위한 하나님의 계획이었음을 나는 확신한다.

2004년 1월에는 드디어 「씨앗」 창간호가 세상에 나왔다. 이것은 오라버님의 오랜 숙원이었다. 처음 몇 년 동안은 포장한 모든 것을 오라버님 차에 싣고 직접 우체국으로 갖고 가서 부쳐야 했다. 노구를

간호대학 졸업식(1979년)

이끌고 그 무거운 책을 나르고 차에 실어 우체국까지 이동하는 것은 결코 쉬운 일이 아니었다. 그러나 오라버님은 책이 나올 때마다 마치 새 생명을 잉태하는 어머니와 같은 기쁨으로 피곤함을 잊으신듯했다. 하루빨리 이 책이 독자에게 전해져 읽는 자마다 절망에 빠져있던 자들이 용기를 얻고, 도전을 받아 다시금 일어날 수 있는 힘을 달라고 그때마다 기도하며 시작했던 일이 어언 10년을 훌쩍 넘어버렸다.

오라버님께서 문서 선교를 할 수 있었던 것은 전적인 하나님의 간섭하심과 인도하심 그리고 지칠 줄 모르는 하나

님을 향한 오라버님의 뜨거운 열정과 독자들의 많은 성원이 있었기에 가능하였다고 생각한다. "하나님의 일에는 인간의 협조가 조금 필요하다"라고 하시던 오라버님의 유머러스한 말씀이 지금도 내 귓가를 스친다.

_이용숙(막내동생. 경주제일교회 권사, 중앙총신 목회상담학 박사과정 중)

흥해 본가에서. 오라버님은 이 사진을 좋아했다.

할머니가 된 후에도 오빠를 뵈러 가는 날이면 언제나 초등학교 시절 소풍 가는 날처럼 전날 밤은 설렘으로 뒤척였습니다. 우리 다섯 여동생들은 만나기만 하면 오빠의 이야기를 듣느라 자정을 넘기는 것이 보통이었습니다. 어린 시절 늘 저녁 식사 후 식탁에 빙 둘러앉아 이야기하곤 했던 그 모습 그대로였습니다. 특히 옆에서 듣고 있던 제부는 했던 이야기를 또 하고 또 하시는데 뭐가 그리 재미있는지 모르겠다고 핀잔을 주기도 했습니다. 사실 오빠의 이야기는 뭐 그리 특별한 것이라고 할 수 없는 것들이었습니다. 이런저런 세상 살아온 이야기들이었기 때문입니다. 그러나 우리는 듣고 또 들어도 그렇게 재미있을 수가 없었습니다.

오빠는 우리 민족의 가장 암울했던 시기인 일제 치하에 태어나 해방과 6·25전쟁, 보릿고개 등을 겪으며 1인당 국민소득 67달러의 세계 최빈국에서 이제는 3만 불 경제대국의 풍요를 맛보며 살다간 사람이었습니다. 한 번은 오빠가 어렸을 때 하루 종일 남의 집 디딜방아를 밟아주고 주머니에 쌀 한 줌을 얻어 돌아왔다가 엄마가 "야, 이놈아 나는 니가 아까워서 잠시도 쓰지 않았는데 어떻게 니는 등신 같이……" 하시며 쌀 넣은 주머니를 다 찢으며 분을 참지 못하셨다는 이야기도 여러 번 해 주셨지만 그때마다 우리는 처음 듣는 것처럼 새로웠습니다. 또 초등학교 때는 얼굴이 누렇게 뜬 친구가 놀러와 마루에 걸린 메주 덩어리를 보고는 저거 먹으면 안 되느냐고 해서 한 덩어리를 주었더니 돌덩어리 같은 데도 삽시간에 먹고 물 한 대접을 쭉 들이 마시더니 "야, 이제야 눈이 보인다, 사흘간 굶었더니"라고 한 이야기도 들을 때마다 마음이 짠했습니다.

또 중고등학교 때 늘 전교 일등 자리를 두고 서로 다투었던 친구가 정리가 잘 된 오빠 공책을 보여 달라고 해서, 초저녁에 공부를 끝내고 그 친구 보라고 공책을 대문 담에 올려놓고, 그 친구는 그것을 가져다 밤새 보고 새벽녘에 다시 갖다 놓곤 하면서도 한 번도 서로 약속을 깨뜨린 적이 없었다는 이야기도 하실 때마다 우리는 감동을 받았습니다. 후에 오빠는 목사가 되고 그 친구(최상엽)는 서울대 법대를 졸업하고 법무장관이 되어 다시 만났을 때 친구가 오히려 오빠의 살아온 삶을 부러워하는 눈치더라 하셨을 때 우리의 기분은 최고가 되곤 했습니다.

뒷줄 좌로부터
최상엽 전 법무장관. 오빠(이노균 목사)

이제 오빠와 누린 시간은 다시 돌아올 수 없는데, 많이 아쉬워할 만도 한데, 무대의 막이 내리고 객석을 떠나는 관객처럼 마음이 담담해지니 오히려 이상합니다. 대신 머릿속에는 인생의 무대 위에 펼쳤던 한 남자의 삶의 용기와 도전이 이제는 컬러 사진이 되어 선명하게 남아있습니다. 그의 책 「씨앗」은 바로 이러한 그의 삶의 한 측면을 비춰주는 거울이라고 할 수 있습니다. 책표지에 부제로 그는 '용기를 얻고 도전을 받는 이야기'라고 붙였습니다. 그는 남들이 삶을 마무리할 나이인 60대에 20년 남짓 설교하던 강단을 내려와 미국 유학을 떠나셨습니다. 그 전에 40대에는 20년간 서셨던 학교 교단을 훌쩍 떠나 신학교로 들어가시고 그 후 부산중앙교회를 시무하시다 느닷없이 65세에 퇴임을 하셨습니다. 원로목사가 되실 것으로 생각했던 성도들은 무척 놀랐다고 하셨습니다. 그리고는 2014년 3월 대전에 살고 있는 장남에게 돌아가기 전 마지막 10여 년은 두 동생들이 살고 있는 경주로 내려와 소금강산 산자락에 작은 집을 지어 살며 「씨앗」 만들기에 마지막 불꽃을 태웠습니다.

「씨앗」은 가로 13센티미터에 세로 18.5센티미터에 불과한 소책자입니다. 면수는 기껏 16쪽에, 표지는 희미한 흑백사진이 들어있는 그야말로 그 누구의 시선도 끌지 못할 것 같은 책입니다. 그러나 이 소책자를 만드는 것이 그에게 존재 이유가 되었으며 그를 지탱시킨 핵심 에너지원이 되기도 했습니다. 이 책은 매회 3만 부씩 발간되어 전국 51개소의 교도소와 136개의 병원으로 배부되어 수많은 사람들에게 깊은 감동을 주었는데, 독자의 90퍼센트 이상이 인생의 가장 힘든 시기를 보내는 수감자와 환자들입니다.

그는 2004년 1월 창간호에서부터 마지막 2015년 11월 19일 돌아가시기까지 총 78회분의 글을 쓰셨습니다. 표지에 쓴 사진자료는 모두 78장으로 구한말에서부터 1900년 초기까지 우리나라의 정치, 경제, 사회, 문화, 풍속, 교육 등의 일면을 보여주는 귀중한 것들이었습니다. 이 사진들을 구하기 위해 본인은 국립중앙도서관 지하 서고를 수십 번 들락거리기도 했으며 또 역사 사진전이 열린 곳은 빠지지 않고 찾아가 사진을 찍어 오곤 했습니다.

이 외에도 오빠는 어디서 출처를 찾았는지 필요한 글감의 서지정보를 정확히 알려주며 책을 복사하거나 필사해서 보내라고 한 적도 한두 번이 아니었습니다. 때로는 곧바스라 질 것 같은 오래된 책과 잡지들도 있어 일반인들에게는 열람이 안 되는 것이었지만 오라버님은 국립중앙도서관의 직원인 동생을 한껏 이용하셨습니다. "서당개 삼년이면 풍월을 읊는다" 하듯이 어느덧 오빠의 글 보는 눈

을 닮아 「씨앗」에 실을 만한 이거다 하는 글을 발견할 때
면 저 또한 마치 보화를 주은 것 같이 가슴이 뛰기도 했습
니다.

　오라버님은 자주 100호를 끝내면 이 땅의 내 할 일은 다
한 것이니 아버지께로 돌아갈 수 있다고 입버릇처럼 말씀하
셨습니다. 그래서 우리는 최소한 4~5년은 우리 곁에 있으
리라고 생각했습니다. 그런데 그 100호가 함정일 줄 우리는
몰랐습니다. 내색은 안 하셨지만 올케언니가 돌아가신 후
20여 년을 혼자 사셨던 것이 무척 힘드셨던 것 같았습니다.

　오라버님이 가신 후 그를 어떻게 묘사하는 것이 가장 정
확한 말일까 종종 생각하곤 했습니다. 아마도 오라버님은
제가 한 말 '억센 잡초'를 기억하고 떠났을 것 같기도 합니
다. 60대에 미국서 박사 공부를 하시던 오라버님께서 어
느 날 갑자기 런던으로 저를 찾아오셨습니다. 함께 유럽여
행을 떠나자는 것이었습니다. 저 또한 젊지 않은 40대에
힘들게 박사 공부를 하고 있었을 때라 60대 박사 공부를
하시면서도 여기저기를 종행무진하시는 오빠를 보고 나
도 모르게 억센 잡초 같다는 말이 튀어나왔습니다.

　오빠는 그것을 좋게 여기셨는지 자주 사람들 앞에 그 말
씀을 하셨습니다. 그러나 오늘 새벽에 성전에서 기도하는

데 유고집에 무슨 글을 쓸까 하는 생각이 떠오르자마자 갑자기 갑옷을 입은 건장한 전사(Warrior)의 상체가 몇 초간 눈앞에 나타났다가 사라졌습니다. 한 번도 오빠를 전사로 생각해 보지 않았기 때문에 처음에는 의아했습니다.

늘 전교 1등자리를 내놓지 않았던 그가 고3 때 찾아온 폐결핵으로 그는 모든 꿈을 내려놓지 않을 수 없었습니다. 하루 종일 천장만 바라보며 살아갔던 날들이 수없이 많았다고 합니다. 바로 그때 그는 이웃에서 교회에 가면 병 낫는다는 이야기를 듣고 새벽기도부터 다니기 시작했으며, 결국 목회자의 길을 가다 떠나시는 날은 조용히 기도하는 모습으로 하나님의 부르심을 받으셨습니다. 가시던 날도 부엌에는 콩을 삶은 냄비와 프라이팬에 노릇노릇 구운 먹

결혼식 때(1982년)

다 남은 누룽지 한쪽이 남아 있었습니다.

이제 오빠가 쓰셨던 책상과 서가가 제 거실에 와 있습니다. 10여 년 전 경주에 내려가셨을 때 선물로 해 드린 것이었습니다. 이제는 이것이 돌아와 원 주인을 맞이하고 있습니다. 그런데 이 책상과 서가를 볼 때마다 나는 이들이 내게 말을 거는 것 같습니다,

"넌 지금 무엇 하느냐?"

_이영숙 (넷째 동생, 서울교회 권사, 영국 UCL, 문헌정보학 박사)

천국에 계시는 할아버지, 안녕하세요.

할아버지의 유일한 친 손녀딸 하민이에요.

할아버지는 저를 보실 때마다 항상 "하민아~ 넌 최고가 될 거다!"라고 엄지손가락을 치켜세우며 말씀해 주셨죠. 그리고 저를 위해 "하민이가 위대한 빛을 발하는 하나님의 딸이 되게 하여 주시옵소서!"라고 기도해 주시곤 하셨죠.

할아버지 말씀대로 최고가 되어 빛을 발하는 하나님의 딸이 되기 위해서 열심히 노력하고 하나님께 기도도 열심히 할게요……

할아버지!

제가 나중에 천국 갈 때까지 할머니와 즐거운 시간 보내고 계세요. 그리고 제가 천국 가면 할아버지, 할머니, 가족

경주에서 할아버지와(2013년)

들 그리고 하나님과 같이 잔치도 하고 라면도 끓여 먹어요.

그럼, 천국에서 다시 만날 때 까지 할아버지 안녕히 계세요.

_이하민(손녀, 위례한빛초 5년)

———

신혼 초 시아버님이 서울에 오시는 계기에 혼자 서울역으로 마중을 나갔던 적이 있었다. 당시는 아직도 신혼 초라 아버님을 대하기가 약간 어려웠는데 아버님은 나와 악수를 하신 후 내 손을 꼭 잡고 한참 동안이나 함께 주차장 쪽으로 걸어가 주셨던 기억이 아직도 잊혀지지 않는다.

당신께서는 3년 전 위암 수술 이후 많이 야위고 약해지셔서 장거리 여행이 힘드신 상황임에도 지난 8월 말 내가 유방암 수술을 위해 입원하던 당일, 예고도 없이 분당으로 올

라오셔서 기도와 위로의 말씀을 해 주셨다. 수술 후 항암치료를 받는 나에게 항암 효과가 뛰어난 여러 가지 음식 조리법 등을 빼곡히 적으신 자상한 편지를 보내주셨고 수산 시장에 직접 가셔서 큼직한 전복을 택배로 두 번씩이나 보내주셨는데, 우리 집 냉동고에 아직도 몇 마리가 남아 있다.

여러 가지 서툴고 부족한 막내며느리인 나를 감싸주시고 격려해주시고 칭찬해 주셨던 너무도 자상하셨던 나의 시아버님…… 벌써 너무 그립고 보고 싶다.

_김윤주(둘째 며느리, 분당우리교회 집사)

두 며느리를 딸처럼 대해주신 시아버님

시아버님 흥해 생가에서

어린 시절부터 나는 아버지의 서재에서 이 책 저 책을 뒤적이며 노는 것을 즐겼었다. 아버지의 서재를 가득 채우고 있던 책들 중에서 나는 특히, 세계 역사, 지리 등에 관한 책들과 사진 자료들을 흥미롭게 보았었고, 무엇보다도 아버지가 내가 태어나기 훨씬 전부터 신문 주요 기사들을 오리고 붙여서 직접 만드셨던 수십 권의 검정색 신문 스크랩 파일을 그림책 보듯 넘기며 구경하는 것이 마냥 즐겁기만 했다.

한편, 아버지는 침대에 누워 계시면서 어린 나에게 신문을 가져와 주요 기사들을 큰소리로 읽어 달라고 하시곤 했다. 당시 나는 기사 내용을 제대로 이해도 못하면서도 20~30여 분 동안 그날의 주요 기사를 낭랑한 목소리로 읽어 드리곤 했다. 모르는 한자가 나오면 아버지에게 물어

아버지가 직접 만드셨던 검정색 신문 스크랩

가면서…… 신문읽기가 끝나면 아버지는 늘 그러하셨듯이 수고했다며 나에게 100원을 주셨다.

어린 시절 아버지의 서재를 어지럽혀가며 책들을 뒤적거리고 또한 아버지께 신문을 큰 소리로 읽어드리던 '꼬마 언론 보좌관'의 경험은 내가 대학에서 정치학을 전공하고 이후 외교관과 공무원의 길을 선택하게 되는 결정적인 모티브가 되었음은 두말할 필요도 없다.

내가 초등학교 시절 아버지는 고교 교사에서 목회자로 변신하셨다. 만학도이셨던 아버지의 신학공부 교재 가운데 중요한 것은 당시 교계의 거목이셨던 대구제일교회 이상근 목사님의 강해 설교 테이프이었다. 아버지는 이상근 목사님의 설교 테이프를 몇 시간이고 들으시면서 내용을 손으로 깨알같이 받아 적으신 후 이를 교과서 삼아 여러 번씩 줄을 쳐가며 읽으시며 성경공부를 하셨다. 늘 책상에 앉아 성경과 주해서를 펴놓고 쉼 없이 공부하셨던 아버지의 모습은 학생인 나에게 큰 도전이 되었다. 한편, 한 달에 한두 번씩 어김없이 나는 아버지의 특명을 띄고 시내버스를 왕복 한 시간여를 타고 강해 설교 테이프를 구하러 제일교회에 다녀오곤 했었다.

아버지는 거의 매일 새벽기도부터 밤늦게까지 설교 준비,

교인 심방, 장례, 주례, 교회 행정일 등으로 분주하게 보내셨다. 그래서인지 우리 가족이 변변한 가족여행 한번 제대로 해본 기억이 별로 없다. 은퇴 후에도 「씨앗」을 만드시느라 바쁘셨는데 생애 마지막 순간까지 예수님처럼 먼저 그 나라와 그 의를 구하는 삶을 살다 가신 아버지가 계셨기에 우리 삼남매 모두 하나님의 큰 축복을 받고 믿음의 명문 가문을 이루었다고 생각한다. 지난 45년 동안 내가 내 아버지 이노균 목사님의 총애를 받는 막둥이였었다는 사실이 생각하면 할수록 크나큰 축복이었다는 생각이 자꾸만 든다.

아버지 고생 많으셨습니다. 그리고 감사합니다. 천국에서 다시 뵐게요.

_이종협(차남. 공무원, 분당우리교회 집사)

대구 대명동 집에서(1980년)

사랑하는 하삐(할아버지)께.

할아버지, 할아버지가 가장 귀여워하셨던 손자 재원이
입니다. 할아버지가 돌아가시기 전에 저에게 하셨던 중학
교 1학년 땐 5등, 2학년 땐 3등, 그리고 3학년 때 1등을 하
라는 말씀 잊지 않겠습니다. 할아버지 집에 가면 계속 할
아버지를 안고 귀찮게 해 드렸는데 다 받아 주신 것 정말
감사했습니다. 할아버지는 정말 위대한 삶을 사신 것 같습
니다. 할아버지 정말 존경하고 사랑합니다. 저도 할아버지
처럼 위대한 삶을 살면서 다른 사람을 위해 봉사하는 사람
이 되겠습니다. 할아버지가 돌아가신 날 저는 정말 슬펐지
만 할아버지가 저에게 하신 말씀을 기억하며 이겨낼 수 있

었습니다. 그리고 저희 아빠와 책을 내시고 난 후 할아버지와 출판기념회를 한다고 하셨을 때 할아버지께선 정말 좋아하셨는데 정말 아쉽습니다. 그래도 할아버지를 통하여 많은 것을 알게 되었고 또한 제가 남은 인생을 하나님과 어떻게 동행하고 살아야 할지 많은 깨달음과 교훈을 알게 되었습니다.

할아버지 정말 보고 싶습니다. 할아버지 저도 나중에 나이가 들면 꼭 천국에서 만나요.

_이재원(손자, 외삼중 1년)

──────

내가 장난기가 많아서 할아버지를 뵐 때마다 손을 만세 하면서 "할아버지~!"하며 인사하기를 좋아했는데 그때마다 할아버지도 같이 만세를 해주시면서 "동원아~!"라고 해주셨다. 뭐 별거 아닐지는 모르겠지만 내가 할아버지와 가장 많이 했던 인사여서 할아버지와의 추억을 떠올리면 이 인사가 가장 먼저 생각난다.

우리 할아버지는 항상 나에게 많은 조언들을 해주셨고 기도할 때마다 내 이름을 빼주신 적이 없었다. 지금 생각해보면 내가 소원했던 일들 중 성취되었던 것은 항상 할아버지가 함께 기도해주셨던 것들이다. 천국에 가시기 며칠 전 북일고등학교 면접을 위해 나의 손을 꼭 붙잡으시고 기도해주셨던 기억이 난다.

할아버지가 나에게 주셨던 사랑, 눈을 감으신 할아버지 앞에서 내가 다짐했던 것들을 항상 기억하며 또 항상 위에서 지켜주시는 하나님, 할아버지를 생각하며 앞으로 세상을 열심히, 최선을 다해서 살 것이다. 나중에 천국에 가서 꼭 할아버지께 "할아버지 저 잘 살았습니다"라는 말을 전해드리고 싶다.

_이동원(손자, 북일고 1년)

———

내가 가장 존경하는 목사님이신 나의 시아버지…….
시아버지만 계신 맏며느리 자리에 시집을 왔다. 청년 때

별명처럼 그레고리 팩을 닮은 큰 키와 세련된 모습. 늘 솔직한 말씀과 부드러운 훈계로 사랑 그 자체였고, 인자한 분이셨다.

3년 전 위암 수술 이후 가까이에서 모시면서 「씨앗」사역을 위해 최선을 다하시는 모습을 직접 뵐 수 있었고, 늘 같은 시간에 식사, 운동을 하시고 하루도 빠지지 않고 일정한 오후 시간 골방에 들어가셔서 기도에 집중하셨다. 아버님과 함께 살았던 3년은 아버지 식성에 맞게끔 여러 가지 음식을 시도해보고 칭찬받음으로 오히려 성취감과 자신감이 충전되는 기쁨의 시간이었다.

특별히 좋아하셨던 칼국수를 해드릴 때 전복을 듬뿍 넣어 드렸고, 서해에서 잡아 급 냉동해서 배달된 꽃게찜을 해드리면 어린아이같이 즐거워하며 맛있게 드셔주셨다. 경주에서 좋은 미꾸라지를 구하신 걸 가지고 시래기, 얼갈이배추를 듬뿍 넣어 추어탕을 만들어 드린 것을 마지막까지 맛있게 드셔주셨다. 야채수프, 토마토와 콩, 누룽지 간식, 브로콜리, 마늘, 가지, 파프리카, 버섯을 매일 철저하게 드셨다.

언제나 내게는 "규라야~" 하고 이름을 불러주셨고, 속상한 일이 생기면 난 아버님께 털어놓고 상담 받으며 위로를 받았다. 무엇보다 철저하게 검소한 생활이 몸에 배어계신 분이셨다.

　11월 초에는 12월 부산중앙교회 70주년 기념예배 때 오래간만의 축도를 앞두고 와이셔츠 하나를 아버지 체형에 맞춤으로 제작했다. 결국 소매 L.N.K 이니셜만 남겨진 새 셔츠만 남겨졌지만…… 나는 진정 시아버지로부터 최근 3년간 축복기도를 매일 받았던 행복한 며느리였다.

　축복기도가 그립다. 아버지가 그립다.

　_김규라(맏며느리, 새로남교회 집사)

추석 때(2002년)

양화진 선교사 묘원(언더우드 일가)에서

그날은 참 비가 많이도 왔다. 초등학교 하굣길에 마중 나오신 할아버지와 손을 잡고 걸어가다, 빗물이 내 무릎 높이까지 차오른 탓에 할아버지 어깨에 목말을 타게 되었다. 덕분에 내가 우산을 들게 되었는데, 세찬 바람에 어느 순간 우산이 뒤집혀 할아버지도 나도 쫄딱 젖어 버렸다. 그 상황이 너무 웃겨 함께 크게 웃으며 집으로 향했다. 할아버지를 떠올리면 생각나는 가장 선명한 기억. 미국 LA에서의 어느 날이다.

　　할아버지는 굉장히 유쾌한 분이셨다. 꼬맹이 시절 부산중앙교회를 나서며 늦은 밤 할아버지와 "우리는 젊은이……"라는 가사의 노래를 열창해댔던 날들을 기억한다. 할아버지와의 인사는 거의 항상 하이파이브였고, 서로의 손을 잡고 꾹꾹 악력 테스트를 하듯 누르는 등 장난도 많이 쳤었다. 손녀딸로서 넘치는 사랑을 받았기에 할아버지와는 따뜻한 추억이 참 많다. 유년 시절에 할아버지와 많은 시간을 함께 할 수 있었던 건 정말 큰 축복이었다.

　　열정도 대단한 분이셨다. 하나님 나라를 위해 큰 뜻을 품고 조국과 세계에 이바지하는 가치 있는 인생을 살아가야 한다고 자주 얘기하셨는데, 내겐 할아버지가 그 살아있는 예였다. 세월의 흐름에 관계없이 배움의 끈을 놓지 않으시고, 끊임없이 하나님을 간구하고 성경을 연구한 후 다른 이들에게 그 결과물을 이해하기 쉽게 정리하여 나눠주시는 모습이 너무 좋았다. 할아버지는 자신의 삶을 통해 하나님 안에서 최선을 다하는 삶을 가르치셨다. 굳건한 믿음과 애정 어린 기도로 가족을 지탱하고, 아름다운 열정으로 우리를 전진하게 만든 할아버지가 난 항상 존경스러웠다.

굳건한 기둥같이 느껴졌던 분이라 빈자리가 크다. 그런 만큼 할아버지 말씀처럼 더욱 열심히 살아야겠다고 다짐하게 된다. 천국에서 다시 만날 그날까지, 나 역시 사랑하는 할아버지처럼 살 수 있기를 소망해본다.

_양은성(외손녀, 예일대 졸업, Simpson Thacher & Bartlett LLP 근무)

목회로 바쁘신 장인어른께서는 너무 바쁘셔서 뵙기도 어려웠다. 그러시던 중 당뇨가 생기셨고, 결국에 '당뇨병은 본인이 스스로 조절해가야 한다' 결론지으시고 그때부터 식이요법과 규칙적인 운동을 적극적으로 하셔서, 하늘나라에 가시는 날까지 하셨다.

　목회로 건강을 신경 쓸 겨를도 없으셨던 장인어른께 하나님께서 몸의 작은 가시로 당뇨를 주셨지 않나 생각을 해본 적이 있다. 그 바쁘신 분이 건강을 위해 운동을 할 생각조차 못하실 시점에 당뇨병이 발견되었고 그 후로 20년을 규칙적인 운동을 하셨으니 이런 생각도 엉뚱한 생각은 아

장모님 소천 후 장인어른을 모시고 살 때(1995년)

닌 듯하다. 소천하시기 3년 전 발견된 위암으로 수술을 하시고 체중이 줄고 전신이 쇠약해지시더니, 섭섭하게도 너무 일찍 하늘나라에 가셨다. 하지만, 이 당뇨병과 함께 20년을 함께 하신 장인어른은 절제와 인내의 생활을 실천하신, 하나님의 용사이시다.

아버님, 보여주신 그 삶을 존경합니다.

곧 뵙게 될 때까지 아버님의 기대를 품고 하나님의 열심을 좇아 살겠습니다.

_양승학(사위, 의사, 울산교회 매곡예배당 안수집사)

———

"내가 살면서 가장 잘 한 일은 목회자의 삶을 선택한 일이야."

이 말은 평생을 열심히 연구하시고 끊임없이 공부하신 아버지께서 예순이 넘은 늦은 나이에 미국 풀러신학교 목회학 박사과정을 하실 때 동행하며 살았던 딸, 나에게 들려주신 삶의 고백이다.

1980년 내가 고등학교 1학년 때 45세가 되신 아버지께서 고등학교 교사를 그만두시고 신학교를 가신다고 했다. 목사의 막내딸로 태어난 엄마는 아빠가 장인어른의 뒤를 이어서 목회자의 길을 가신다는 사실에 무척이나 기뻐하셨다. 초등학교 교사셨던 엄마는 수년간 가정을 혼자 부양해야 하는 어려움이 있으셨을 텐데…….

고려대 교육대학원 졸업식(1978년)

인생의 진로를 바꾸실 무렵 아버지는 하나님께서 아버지를 너무 사랑하신다는 사실에 가슴 벅찬 감동을 느끼셨다고 하셨다. 대구 중심가 동성로 길을 걸으시며 "여기 하나님이 사랑하는 이노균이 간다"라고 마음으로 몇 번씩 외치며 주체할 수 없는 기쁨으로 걸어가셨다고 하셨다.

어릴 적 기억 속의 아버지는 늘 뭔가를 읽고 공부하셨다. 아버진 우리에게 "너희들 내가 하는 공부 반만 해도 전교 1등 한다"라며 농담처럼 얘기하시곤 했다. 내가 중학교 때 학교의 비행 청소년들에 대한 안타까운 마음을 늘 가지시더니 결국 상담심리학으로 고려대 대학원에서 석사학위를 받으셨다.

비행 청소년 상담에 관한 논문을 쓰시며 나랑 많은 대

화를 나누었고 나는 아버지의 그 모습이 인상 깊고 멋져
서 나중에 대학 전공을 심리학으로 결정하게 되었다. 아
버지는 늘 끊임없이 도전하시며 성실하게 살아가셨다.
보람 있고 가치 있는 인생을 살아야 한다고 늘 얘기하시
며 인생을 낭비하지 않기를 늘 당부하셨다. 아버지의 그
런 삶의 태도가 나에게도 영향을 많이 끼쳤고 나의 아이
들에게도 끊임없이 도전하시는 할아버지의 모습 덕에 도
전하는 열정과 용기를 가질 수 있게 한 것 같다.

　아버지가 1998년 IMF의 어려움 속에서도 풀러신학교
로 유학을 강행하셨을 때 엄마가 돌아가신 뒤라 내가 두
아이들을 데리고 함께 따라갔다. 남편은 장인어른 혼자는
절대 못 가신다고, 도와드려야 한다고 판단하여 나랑 아이

들을 함께 보낸 것이다. 엄마가 돌아가신 1995년에도 남편은 목회하시는 장인어른을 도와드려야 한다며 병원이 있는 울산에서 부산으로 이사를 와 아버지와 함께 살기도 했다. 울산에서 부산까진 먼 거리였는데 출퇴근하는 수고를 기꺼이 감내해 주었다. 참 고마운 남편이다.

3년 전 유방암 수술을 한 딸에게 "굳세라. 강인하라. 철저하라. 합력하여 선을 이루시는 하나님을 기억하라"라며 로마서 8장 28절을 적어서 주신 아버지의 편지는 나에게 큰 위로가 되었다.

아버지가 돌아가시기 일주일 전 아버지를 뵈러 대전에 갔을 때 아버진 나에게 지금보다 더 열심히 가치 있는 일을 하고 살아가라며 당부하셨다. 그런 말씀을 잘 안 하시는데 그날은 단호하게 말씀하셨다. 그 말씀이 아버지의 마지막 유언이 될 줄은 생각도 못했는

아버지가 좋아하셨던 삼남매 사진(1975년)

데…… 며칠 뒤에 갑작스럽게 천국으로 떠나셨다. 지금도 아버지의 그 말씀이 마음에 박혀서 남은 생을 더욱 치열하게 살아가야겠다는 다짐을 다시 해 본다.

_이미경(장녀, 울산교회 매곡예배당 집사)

아버지의 조기은퇴 발표문

한국기독신문(2003. 1. 18)

갈렙을 사모했던 아버지

지난 2015년 10월 16일, 아버지와 함께 공저로 낸 『성경 속 의학 이야기』를 우리 부자는 처음 받아 읽으며 무척이나 기뻐했다. 언제나 그랬던 것처럼 경상도 남자 두 명은 별 대화가 없었지만 이심전심이었다.

아들은 의사이자 교회 월간지 편집장으로서, 아버지는 목사이자 「씨앗」 발행인으로 서로에게 조언을 하며 보낸 즐거운 시간들의 열매가 또 한 권의 책으로 세상에 나온 것이다.

그로부터 한 달 후, 아버지는 반신욕을 하시던 중에 고요하게 그리고 세상에서 가장 깨끗하게 하나님의 부르심을 받으셨다. 다음 달에 출판기념회 겸 팔순잔치를 멋있게 하려고 계획을 세우고 있었는데…….

우리 자녀들은 장례식 접견실에 모두가 환하게 웃고 있
는 대형 가족사진을 걸어놓고 아버지가 생전에 쓰셨던 책
들과 목회 은퇴 후 홀로 펴내셨던 「씨앗」을 조문객들에게
나누어 드리며 위로와 감사를 전했다.

이 책은 아버님이 은퇴 후 심혈을 기울여 만드셨던 「씨
앗」에 실렸던 글 중에 아버님 마음에 가장 드셨던 글 45개
를 직접 골라 주신 것을 모아서 펴낸 책이다. 당초 이 글들
을 아버님 생전에 신문에 연재할 목적이었는데, 갑자기 소
천하시게 되어 이렇게 유고집으로 내게 된 것이다.

「씨앗」의 글들이 다 그랬지만, 내용이 간결하면서 큰 도
전과 감동을 주면서 유머도 잃지 않고 있는 내용들인데,
많은 분들의 요청도 있어서 이렇게 책으로 내게 되었다.
팔순이 되시는 노(老)목사님이 들려주는 인생의 지혜와 교
훈이 담겨있는 내용들이다. 매호 3만 부가 배부되는 「씨
앗」을 보고 병원, 교도소 등에서 보내온 수많은 감사편지
들을 읽으며 느꼈던 잔잔한 감동이 더 이상 이어지지 못한
다는 사실이 무척이나 아쉽다.

아버님은 일생을 통해 현실을 탓하시거나 안주하시지
않으셨고 이전 성공을 재현하는 것에 만족하지 않으셨다.

소천하시는 그날까지 끊임없이 인생을 의미 있게 보내기 위해 노력하셨다.

20년을 교직에 계시다가 뒤늦게 신학의 길로 접어드셨고, 부산중앙교회에 부임하셔서 근 20년을 섬기시며 새로운 교회당을 건축하셨고, 정년을 3년 앞두고 원로목사의 떨쳐 버리기 힘든 면류관을 뒤로하시고 교회의 더 큰 부흥을 위해 조기 은퇴하셨다.

은퇴를 1년 앞두시고는 책을 세 권이나 집필하시는 열정을 보이셨다. 2002년, 목회은퇴 후 홀로 격월간지 「씨앗」 2만 부를 전국의 병원, 교도소, 개척 교회 등에 보내시고, 본인이 직접 만드신 집을 개척 교회가 쓰도록 허락하신 삶을 사셨다. 2012년 위암수술을 받으신 후에는 더욱 박차를 가하셔서 「씨앗」을 3만 부로 늘여 발행하셨고, 새로운 책을 두 권이나 저술하셨다.

자녀들인 우리가 축복 받은 이유도 아버지의 기도와 신앙 때문인 것을 알고 있다.

네 자손을 하늘의 별과 같이 번성하게 하며 이 모든 땅을 네 자손에게 주리니 네 자손으로 말미암아 천하 만민이 복을 받으리라 이는 아브라함이 내 말을 순종하고 내 명

령과 내 계명과 내 율례와 내 법도를 지켰음이라 하시니
라(창세기 26:4~5).

누나는 이화여대를 졸업하고 사랑의교회에서 순장으로
섬기다가 지금은 울산교회 매곡예배당에서 의사인 매형
과 함께 찬양팀 리더와 단장으로 그리고 양육반도 섬기고
있다. 어머님이 교회 건축 중에 소천하셨기 때문에 누나는
때로 사모의 역할을 감당하기도 했다. 아버지가 환갑이 넘
어 처음 받은 안식년에 IMF의 환란 중에도 미국에서 풀러
신학교 박사과정을 강행하실 때 직접 미국으로 아버지를
수행해 아버지의 수발을 들었다. 당시 초등학생이었던 두
조카들은 스탠포드와 예일대를 각각 졸업했다.

동생은 연세대를 졸업하고 공직생활을 하고 있고 최근
에는 북구(北歐)에서 외교관으로 근무했었다. 10년 전 미국
유학 중 태어난 딸은 태중에 있을 때 선천성 심장병(HLHS)
이 발견되었지만, 동생 부부는 믿음으로 아기를 낳았고 매
수술마다 사망률이 50퍼센트가 넘는 대수술을 세 번이나
받았지만 아무 탈 없이 하나님의 은혜로 밝고 건강하게 잘
자라고 있다. 동생은 분당우리교회에서 주일학교 교사와
찬양팀 반주로, 제수씨는 중보기도사역팀을 신실하게 섬

총신신대원 졸업 앨범 가족사진(1983년)

기고 있다.

　장남인 나는 부산의대를 다니면서 아버지의 신앙지도를
받는 축복을 누렸다. 아버지를 많이 닮아 글쓰기를 좋아해
개업의로 바쁘게 살면서도 어느덧 책을 세 권이나 내는 축
복을 누리고 있다. 새로남교회에서 월간지 편집장으로 섬
기고 있고, 아내는 교회 찬양대와 극동방송　합창단으로
섬기고 있다. 두 아들도 친구들에게 인기가 많고 믿음 안
에서 잘 자라고 있다.

　아버지는 생전에 유산을 선교병원에 기부하기를 원하셨
는데, 우리 3남매는 유지를 받들어 베트남 다낭에 세워질
선교병원에 아버지의 유산을 기증했다.

그리고 우리 자녀들은 부모님의 삶을 본받아 앞으로도 선한 사업을 계속하고자 한다.

아버지가 소천하셨던 그날 밤, 사실 나는 평소 칼럼을 실었던 세종시 교차로에 처음으로 아버지의 글을 싣고 싶은 마음이 불현듯 들어 이 책에 있는 내용이기도 한 '명작의 산고'를 신문사에 보내고 있었다. 그리고 가족사진을 함께 보내며 중앙의 아버지 사진만 편집해 지면에 내면 된다는 메일을 보내고 있었다.

이후 새벽에 아버지가 돌아가신 것을 알게 되었고 신문사에 아버지 글을 보낸 것을 잊고 있었는데, 다음날 교차로 신문에 실린 아버지의 글과 우리 가족의 사진(신문사의 실수인지 아버지 사진을 내지 않고 우리 가족사진 전체를 실었다)을 보며 많이 놀랐다.

소천하신 다음 날 실린 아버지 칼럼과 가족사진

마치 하나님께서 아버지의 소천은 일찍부터 예비하신 것이라는 표적을 보여주시는 것 같았다. 아버지가 돌아가신 후 한 달쯤, 아버지 꿈을 너무나 생생히 꾸었다. 화려한 녹색 양복을 입으시고는 한참 멋을 내신 후 나에게 자랑을 하시는 꿈이었다. 천국에서 즐거운 시간을 보내시는 것이리라……

입관 예배를 인도해주신 오정호 목사님과 새로남교회에 감사를 드린다. 그리고 은퇴하신지 10년이 지났음에도 교회장으로 본당에서 엄숙하게 장례예배를 인도해 주신 부산중앙교회 최현범 목사님과 당회, 그리고 성도님들께도 감사를 드린다.

이 책에 실린 아버지를 추모하는 귀한 글들을 써주신 많은 분들께도 감사를 드리며, 추천사를 써 주신 이상규 목사님께는 특별한 감사를 드린다.

「씨앗」 발간을 도와주신 미남인쇄소 오경수 사장님과 에덴아트컴에도 감사드리며, 생각으로만 그칠 수 있었던 유고집을 귀한 책으로 엮어 주신 비전북의 박종태 사장님과 고영래 님에게도 진심으로 감사드린다.

마지막으로 「씨앗」 발간을 위해 이 모양 저 모양으로 후원해 주신 모든 분들께 진심으로 감사드리며, 「씨앗」을 통

장례식 접견실에 걸어 두었던 가족사진

해 용기를 얻고 도전을 받았던 많은 독자 분들께도 위로와 감사를 전해 드리고 싶다.

아무쪼록 이 책을 통해 한 노(老) 목사님의 일생을 통해 전하는 통찰과 교훈이 독자들에게 전해지기를 소망해 본다.

2016년 봄날에

닥터홀 기념 성모안과 진료실에서

故 이노균 목사 장남 이종훈

월간신문 「아름다운 동행」 2016년 3월호에 실린 아버지 기사

씨앗

알렉산더 대왕과 디오게네스

중국 제일의 거부 마윈(馬雲)

'IQ 210' 신동(神童) 김웅용
50년을 살아온 힘겨운 여정

부록

고요한 밤 거룩한 밤

아브라함의 자손
(창 14:21-24)

빅보영 목사 간증
교회 개혁

17세 소년 노벨 평화상 받다

최후의 책
「아이들이 쓴 이혼(離婚)」

하멜표류기

세계 최고의 공격수
차붐

용기를 주고 도전을 받는 이야기 소개

상은(三隱)

「씨앗」 2004년 1월 창간호부터

2016년 3, 4월호 동간호(통권 80호)까지 표지 모음

(세종시 성모안과 홈페이지 www.smeyehall.co.kr에서 e-book으로 다시 보실 수 있습니다.